Rita de Cássia L. F. Santos

A formação da realidade econômica

Para além do pensamento linear

EDITORA
UnB

Equipe editorial: Airton Lugarinho (Supervisão editorial); Fatima Rejane de Meneses (Acompanhamento editorial); Gilvam Joaquim Cosmo (Preparação de originais); Gilvam Joaquim Cosmo e Rúbia Maria Pereira (Revisão); Eugênio Felix Braga (Editoração eletrônica); Leonardo Branco (Capa); Elmano Rodrigues Pinheiro (Supervisão gráfica).

Impresso no Brasil

Direitos exclusivos para esta edição:
EDITORA UNIVERSIDADE DE BRASÍLIA
SCS Q. 02 Bloco C Nº 78 Ed. OK 2º andar
70300-500 Brasília DF
Fax: (061) 225-5611

ISBN: 85-230-0535-8

Ficha catalográfica elaborada pela
Biblioteca Central da Universidade de Brasília

Santos, Rita de Cássia L. F.
S237 A formação da realidade econômica: para além do pensamento linear / Rita de Cássia L. F. Santos. – Brasília : Editora Universidade de Brasília, 1999.
160 p. : il.

1. Economia-transformação. 2. Economia-teoria. I. Título.

CDU – 330.11
330.1

Ao
amigo,
mestre,
cúmplice,
R. N. Monteiro de Santana

Sumário

Prefácio

Este trabalho é parte de um programa de pesquisa mais amplo que versa sobre os processos de mudança pelos quais a estrutura econômica está passando – basicamente os processos de aceleração tecnológica, miniaturização e desmaterialização, que já vêm há anos conformando uma nova ordem mundial. As conseqüências destes processos, mesmo que não saibamos precisar quais sejam em toda sua extensão, terão visivelmente um impacto dramático na feição de nossas realidades, tanto local como mundial.

Como parte desse programa de pesquisa, a presente obra tem a função básica de montar uma estrutura metodológica que discipline nossos processos mentais de forma mais apropriada do que os métodos econômicos vigentes têm conseguido fazê-lo, na busca de explicações mais profundas e verossímeis sobre toda essa nova história que se inicia.

Ela tem, portanto, um caráter instrumental, como busca por elementos heurísticos que orientem o tratamento teórico e empírico das transformações econômicas em curso, mas tem também uma razão própria de ser, como reflexão crítica sobre os problemas e as hipóteses que integram hoje a agenda da ciência econômica.

Trata-se de um desafio intelectual de grande envergadura, ao qual não tenho a pretensão de ter podido corresponder plenamente. Mas lanço presentemente meus resultados, na esperança de poder avançar mais, no futuro.

Deixo aqui meu agradecimento ao Instituto Cultural Minerva (RJ) e ao Institute of Brazilian Business and Public Management Issues, da George Washington University (IBI/GWU), pela estadia que me proporcionaram em Washington e, por essa via, pelos inúmeros recursos que colocaram a minha disposição, não apenas em termos de acervo bibliográfico, bancos de dados e equipamentos de computação, mas principalmente pelos encontros, discussões e *lectures* que trouxeram informações de inestimável valor para o desenvolvimento das idéias que aqui apresento.

Igualmente importantes foram os contatos com a professora Ana Maria Bianchi (Universidade de São Paulo) e as sugestões dos professores Jorge Madeira Nogueira (Universidade de Brasília) e Jorge Antônio Thompson de Araújo (Banco Mundial). O incentivo do professor Jorge Thompson foi decisivo para que eu buscasse a publicação deste trabalho.

Agradeço também a meus pais, marido, filha, familiares e amigos, que em tantas ocasiões se privaram de minha presença, sempre "perdendo-me para os livros".

Não posso, entretanto, deixar de ressaltar que meu agradecimento especial vai para a pessoa que me introduziu no mundo dos grandes desafios intelectuais, do gosto pelo conhecimento, da busca pela verdade: meu amigo e orientador R. N. Monteiro de Santana, a quem eu jamais poderei retribuir por tudo o que me ensinou.

Desnecessário dizer, todos os erros e defeitos que se possam encontrar neste trabalho decorrem exclusivamente de minha incapacidade de absorver e processar tudo o que me foi tão claramente revelado...

Introdução

A história econômica encontra-se no limiar de uma mudança profunda, prestes a testemunhar alterações na estrutura mais íntima do mercado e de outras instituições modernas, bem como a emergência de novas formas de atividade voltadas para o provimento das necessidades materiais dos homens.

Alguns novos conceitos forjados para referenciar as mudanças em processo já nos são familiares – aceleração tecnológica, globalização, desterritorialização, mundialização. Parece não haver dúvidas de que um novo mundo nasceu. Mas quando? Como? E a questão central: que mundo é esse e como reconhecê-lo distinto daqueles cujos traços foram guardados pela história?[1]

A nova estrutura econômica

Citando Paulo Moura,[2] há vetores mais importantes do que os ponteiros de um relógio para assinalar o advento de um novo período – entenda-se, do século XXI. Alguns desses vetores são processos, já em curso, que, do ponto de vista econômico, apontam para a organização de um mercado mundial distinto do comércio internacional que conhecemos hoje. Estamos falando da aceleração

---

1 "*...qu'est-ce qu'un monde? en quoi peut-il être nouveau, c'est-à-dire différent du monde précédent? Autrement dit: comment reconnaît-on un système mondial original parmi les mondes dont l'histoire a gardé trace?*" ["o que é um mundo? Em que ele pode ser novo, quer dizer, diferente do mundo precedente? Em outras palavras: como podemos reconhecer um sistema mundial original entre os mundos dos quais a história guardou rastro?"]. Essas questões são colocadas por Fossaert (1991), p. 7.

2 Moura (1994), p. 44.

tecnológica, do processo de desterritorialização da produção e do esvaziamento das identidades nacionais no provimento de bens e serviços, da formação de empresas mundiais, da desregulação das redes de comunicação e circulação de informações, entre muitos outros.

Não se trata de uma mudança desencadeada pela tecnologia apenas. As ações e decisões do homem político mostram-se tão relevantes quanto as do homem econômico no desenho dessa nova sociedade. Como nos recorda Fossaert,

> *En 1991, la guerre a sévi dans le Golfe. En 1990, la RDA s'est dissoute dans la RFA. En 1989, l'URSS a perdu le contrôle de son glacis européen, sinon celui de ses républiques enclines à l'independence; le Japon a clos l'ère Showa en enterrant l'empereur Hiro Hito, épargné par les procès de 1945–46. En 1987, la planète a dépassé les 5 milliards d'habitants. En 1985, Gorbatchev, promu secretaire général du PCUS, a initié la politique de glasnost et de perestroika. On allongerait vainement la liste des évènements inaugurux du nouveau monde...*[3]

Ainda temos que considerar as mudanças culturais que estão em processo, provocadas pelo intercâmbio de idéias, de valores e de tradições entre povos sobre os quais antes não se tinha mais que um vago conhecimento. Verifica-se atualmente um forte movimento de integração das sociedades em todo o planeta, tornando-as interdependentes sob muitos aspectos importantes. E ainda estamos na fase embrionária desse movimento, que trará, por certo, uma visão de mundo completamente nova para todos nós. Os eventos de integração que estamos experimentando constituem algo muito recente e inacabado na história das sociedades humanas

[3] "Em 1991, a guerra eclodiu no Golfo. Em 1990, a RDA se fundiu com a RFA. Em 1989, a URSS perdeu o controle de sua feição européia, senão o de suas repúblicas, propensas a se tornarem independentes; o Japão encerrou a era Showa, enterrando o imperador Hirohito, poupado pelos processos de 1945–46. Em 1987, o planeta ultrapassou os cinco bilhões de habitantes. Em 1985, Gorbatchev, promovido a secretário-geral do PCUS, iniciou a política de *glasnost* e de *perestroika*. Prolongaríamos desnecessariamente a lista dos eventos inaugurativos do novo mundo...", Fossaert (1991), p. 7.

que se sucederam ou coexistiram durante milhares de anos em ignorância mútua, a não ser por raros exploradores do desconhecido, como Ibn Battûta e Marco Polo.[4]

Segundo Ulf Hannerz, não se verifica presentemente nenhuma homogeneização de sistemas de significados e de expressões, e nem parece provável que tal homogeneização venha a ocorrer dentro em breve. No entanto, diz ele, é verdade que o mundo se transformou em uma rede de relações sociais e que entre as suas diversas regiões existe um fluxo de significados tanto quanto de pessoas e de mercadorias.[5]

Há que se pensar também os processos de *feedback* entre as mudanças econômicas, políticas e culturais. Se a tecnologia mantiver a tendência de elevar a produtividade do trabalho a níveis tão altos que alguns poucos homens possam fazer o que antes era ofício de muitos, como lidar com a massa cada vez maior de desempregados involuntários? E de que forma se poderá aplicar a regra da produtividade marginal como determinante do nível de remuneração do fator? A questão mais dramática, no entanto, não é de caráter prático, mas filosófico: como definir o papel do ser humano numa sociedade sem empregos?

Em seu livro *O fim dos empregos*, Jeremy Rifkin afirma que estamos entrando em uma nova fase da história – caracterizada pelo declínio sistemático e inevitável dos empregos. O desemprego em âmbito mundial alcança, atualmente, seu nível mais alto desde a grande depressão da década de 1930. Computadores sofisticados, robótica, telecomunicações e outras tecnologias de ponta estão rapidamente substituindo seres humanos. Muitas funções estão destinadas virtualmente à extinção. O autor sugere que se redefina

[4] Fossaert (1991), p. 7.

[5] "A cultura mundial é criada por meio de um aumento cada vez mais intenso de entrelaçamento de culturas locais diversificadas, bem como mediante desenvolvimento de culturas sem um apoio nítido em nenhum território específico. Todas elas estão se tornando, por assim dizer, subculturas dentro do conjunto mais amplo...", Hannerz (1994), p. 251.

o papel do indivíduo em uma sociedade nova, futura, praticamente sem trabalhadores.[6]

Infelizmente, para nós pesquisadores, cidadãos e agentes públicos dos países desafortunados, na acepção de Galbraith,[7] o desafio não é só o de entender intelectualmente esse processo. Há uma necessidade imperiosa também de nele intervir, para evitar que a história produza novamente uma lista de ganhadores e perdedores. Nas palavras de Paul Kennedy:

> A transformação econômica e o desenvolvimento tecnológico, como as guerras ou os torneios esportivos, geralmente não são benéficos para todos. O progresso, louvado pelas vozes otimistas desde o Iluminismo até hoje, beneficia os grupos ou nações capazes de aproveitar-se dos métodos mais novos e da ciência, ao mesmo tempo que prejudica outros, menos preparados tecnológica, cultural e politicamente para reagir à mudança.[8]

Se concebermos que o problema econômico *par excellence* é o de prover a sobrevivência material para todos os seres humanos,[9] então o desafio maior que se coloca hoje é o de como identificar o curso das mudanças, de modo a tentar direcioná-lo e difundir os benefícios para todas as sociedades no planeta Terra. O progresso tecnológico não pode ser reputado responsável por danos sociais a um ou a outro povo. Ele não é um ser que age e toma decisões.

---

[6] "Devemos nos voltar para uma nova era. Novas alternativas ao trabalho formal deverão ser encontradas. Novas maneiras de propiciar renda e poder aquisitivo precisarão ser implementadas. O fim do trabalho poderia significar o fim da civilização, tal como a conhecemos, ou sinalizar o início de uma grande transformação social e o renascimento do espírito humano" (Informativo *Makron Books*, nº 84, março/abril de 1996).

[7] Galbraith (1996), p. 8.

[8] Kennedy (1993), p. 13.

[9] Estudo preparado pela Organização Internacional do Trabalho (OIT) especialmente para a Segunda Conferência sobre Agrupamentos Humanos (Habitat II), em Istambul (em 14.06.96), revelou que "no começo desta década um terço da população urbana mundial – aproximadamente 400 milhões de pessoas – já vivia na miséria. A falta de empregos é uma das causas diretas dessa situação. No ano 2000, acredita-se que o número de habitantes urbanos miseráveis deve aumentar para um bilhão" (*Correio Braziliense*, 02.06.96, p. 29).

É um objeto passivo das decisões humanas que pode ser colocado a serviço da humanidade. O desafio é descobrir como fazê-lo, sem que a história produza uma nova lista de perdedores em termos absolutos.[10]

A estrutura das sociedades humanas em todos os tempos é ininteligível sem alguma simplificação. A interação de milhares de homens produz uma massa de eventos opacos, cuja visibilidade só pode ser trazida por reconstruções racionais do processo societário. Na análise do mundo atual, particularmente, os modelos para essa reconstrução racional hão de dedicar atenção especial às interdependências entre elementos de múltiplas dimensões e transcender o hábito de pensar em termos "disciplinares". Como diz Fossaert,

> *[Il faut combattre] les propensions psychologisantes des sociologues, les positivismes cartographiques des géographes, les enjolivures mathématiques des économistes et autres manies disciplinaires.*[11]

Acreditamos que o desafio de explicar a estrutura e o funcionamento da nova ordem mundial só poderá ser plenamente vencido se a concebermos como resultado da interação de ações e decisões "multidisciplinares" de inúmeros indivíduos atuando em seu ambiente, dentro de uma lógica de situação. Essas ações e decisões, por sua vez, bem como as conseqüências que delas decorrem, só podem ser entendidas mediante referência à situação objetiva em que ocorrem e considerando a atuação mútua dos diversos fios do tecido social – de ordem material, comportamental e institucional, principalmente.

O presente ensaio não versará diretamente sobre esse processo de mudanças, que será objeto de outro projeto de pesquisa. Nosso

---

[10] Sempre haverá uma lista de perdedores em termos relativos, a menos que a humanidade seja arbitrariamente homogeneizada (o que, acredito, não é do interesse de ninguém). O que importa, na verdade, é que os benefícios da tecnologia sejam difundidos e o bem-estar material de todos os cidadãos seja elevado a níveis aceitáveis.

[11] "[É preciso combater] as propensões psicologizantes dos sociólogos, os positivismos cartográficos dos geógrafos, as ornamentações matemáticas dos economistas e outras manias disciplinares", Fossaert (1991), p. 9.

objetivo, presentemente, é abordar a seguinte questão: a ciência da economia[12] está preparada para enfrentar o desafio teórico de explicar o processo de formação e mudança da economia-atividade?

Uma outra economia

A resposta é sim e não. Argumentaremos no presente trabalho que a ciência econômica desenvolveu um modelo explicativo – que Karl Popper denominou de "análise situacional" – de grande fertilidade potencial para o exame de um vasto campo de problemas econômicos, mas que a aplicação desse modelo tem-se mantido restrita a um pequeno conjunto de axiomas. Pelo menos quatro limitações dos procedimentos de análise convencionais da economia nos parecem evidentes.

Primeiro, a economia ainda não reconheceu como problema a falta de técnicas para lidar com *eventos singulares no tempo irreversível* – ou seja, na história. Os modelos nos quais somos treinados se aplicam bem aos eventos recorrentes, como o comportamento de demanda e oferta de bens e serviços em função do preço; mas não explica, por exemplo, o processo de mudança no perfil dos bens e serviços demandados e ofertados (recorde-se, as preferências são exógenas...).

Segundo, a economia privilegia a análise em termos de variáveis quantificáveis, quando as transformações mais importantes estão ocorrendo nas características não facilmente mensuráveis da realidade econômica. Nesse sentido, ela apreende perfeitamente bem a escala das novas transações na economia globalizada, mas diz muito pouco sobre o caráter dessas transações.

Terceiro, a economia submete os problemas que formula a modelos lineares ou linearizados, quando há sinais evidentes de que a dinâmica da realidade obedece a padrões mais complexos e sofisticados do que a relações causais unidirecionais ou a relações simultâneas lineares.

---

[12] Usaremos o termo "ciência da economia" para nos referirmos tanto à economia teórica e empírica quanto às interpretações históricas (ou história econômica).

Por fim, a economia não reconhece como parte da análise elementos importantes para se conceber as interações que dão ensejo aos eventos econômicos. Estamos falando da administração pública, da ação judiciária, das condições sociais, da dinâmica tecnológica, das instituições políticas, da legislação, das questões regulatórias e muitas outras. São elementos específicos de cada situação e, por não poderem ser homogeneizados em padrões de larga abrangência, acabam ficando fora da análise.

Costuma-se justificar a especialização do objeto de estudo da economia como uma divisão científica do trabalho,[13] argumentando-se que os problemas que o economista excluiu de seu âmbito serão recolhidos pelo sociólogo, psicólogo social ou politólogo.[14] Por desejável que isto seja, a verdade é que os colegas de outras disciplinas estão interessados em fazer seus próprios modelos, não em melhorar os nossos.

Além disso, interdependências entre variáveis econômicas e não-econômicas na determinação dos eventos não são negligenciadas apenas na economia. Conforme bem exemplificou Katzner, praticamente não há teorias correntes do desenvolvimento econômico que incluam mudanças sociológicas, culturais e políticas como parte do seu tecido dinâmico. Tampouco há teorias não-econômicas que considerem explicitamente o impacto e o *feedback* de variáveis econômicas.[15]

Se este é o caso, vale a pena citar Akerlof:

> *I would like to think that psycho-socio-anthropo-economics is at the beginning of a period when many people will be working*

13 Bernard Maris fala da "taylorização do trabalho científico": "L'homogénéisation de la science économique a conduit à une fantastique taylorisation du travail scientifique. Muni de sa petite trousse à outils, chacun traficote dans son coin" ["a homogeneização da ciência econômica conduziu a uma fantástica taylorização do trabalho científico. Munido de seu pequeno estojo de ferramentas, cada um labuta em seu canto"], Maris (1990), p. 58.

14 Reynolds (1978), p. 413.

15 Katzner (1989), p. 1.

> *in this area. Thirty years ago mathematical economics was probably at a similar stage of development...*[16]

A fronteira da pesquisa econômica

Muitos têm acusado a ciência econômica de ser excessivamente rigorosa, formalizada, axiomatizada. Não é verdade. A limitação da teoria econômica está exatamente em ela *não* ser suficientemente rigorosa. Tomemos, no quadro abaixo, o conjunto β como sendo a teoria econômica, e o α como sendo o conjunto de problemas, práticos e teóricos, emergentes do ambiente econômico em que vivemos. A relação entre α e β dá-se da seguinte forma. Existe uma região de interseção entre α e β, integrada pelos problemas de α para os quais β elabora soluções tentativas.

A parte restante de β (ou seja, β-α) consiste na parte da ciência econômica que não tem correspondência com a realidade fatual presente, ainda que possa vir a ter no futuro. A parte restante de α (ou seja, α-β) abriga todos os problemas que não são abordados pela ciência econômica.

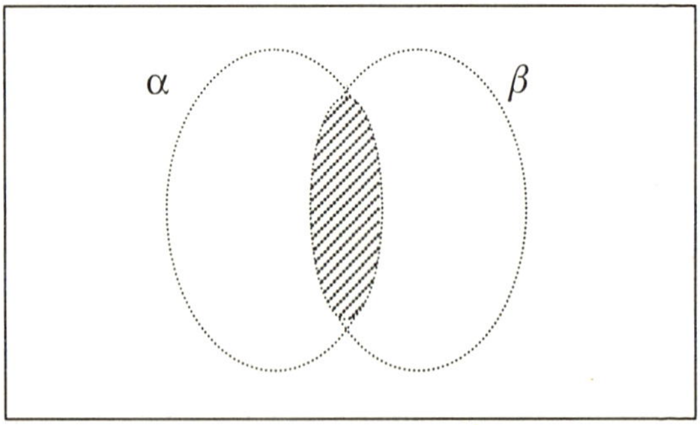

[16] "Gostaria de pensar que a psico-sócio-antropo-economia está no início de um período em que muita gente vai explorar essa área. Há trinta anos, a economia matemática estava provavelmente em um estágio de desenvolvimento similar...", Akerlof (1993), p. 6.

Na verdade, sempre haverá uma diferença não-vazia entre α e β, pois a economia é algo que claramente existe, mas existe de uma forma quase imperceptível: não tem cor, não tem cheiro... Schumpeter descreveu bem o desafio da ciência econômica, ao colocar que "a vida econômica de uma sociedade não-socialista consiste de milhões de relações ou fluxos entre firmas e famílias individuais; podemos estabelecer certos teoremas sobre eles, mas jamais poderemos observá-los todos".[17] Por esta razão, qualquer tipo de definição ou de procedimento de análise necessariamente deixará coisas do lado de fora.

Nossa afirmação de que a ciência econômica não é suficientemente rigorosa respalda-se não no fato de que a economia prevalecente deixa coisas do lado de fora, mas no fato de que ela deixa *muitas* coisas de fora, ou seja, α-β ainda é um conjunto muito maior do que o que se pode aceitar como natural. O que fica de fora não é marginal, não é residual – é uma massa de problemas importantes e urgentes.

Dessa perspectiva, a ciência econômica tem dois grandes desafios a enfrentar. O primeiro consiste em dar respostas aos problemas de $\alpha \cap \beta$, que já se encontram formulados (ainda que alguns talvez sejam justificadamente abandonados por absoluta falta de relevância...). O segundo desafio consiste em internalizar pelo menos uma parte dos importantes problemas que se encontram em α-β. O presente trabalho versará sobre o segundo desafio, ainda que nosso sentimento mais íntimo seja o de que o que aqui se discutirá tem grande relevância também para a economia estabelecida.

De que forma pode-se dar essa "internalização" dos problemas econômicos? Nossa concepção é de que existem espaços e instrumentos para que se proceda à expansão da "fronteira de possibilidades de produção" da ciência econômica.[18]

A fronteira de possibilidades de produção é um gráfico mostrando quantos bens a economia pode produzir com os insumos e tecnologias disponíveis.[19] Fazendo uma analogia com a teoria eco-

---

[17] *Apud* Hayek (1967), p. 35.

[18] Veja o conceito de "fronteira do pesquisável" em Leibenstein (1979), p. 57.

[19] Veja, por exemplo, Stockman (1996), p. 61

nômica, nosso ponto não é o de que, dado o conjunto de possibilidades de produção, devemos realocar fatores da análise convencional para a análise de novos problemas (no próximo quadro, de *a* para *b*). Em princípio nosso ponto é o de que, no que concerne ao conhecimento econômico, nós não estamos em uma situação de ótimo de Pareto; é possível expandir o conjunto de possibilidades de produção e gerar mais conhecimento de ambas as "cestas" (de *a* para *c*), ou pelo menos de uma delas sem reduzir a outra (de *a* para *d*).

Proporemos no presente trabalho que a fronteira de possibilidades de produção na economia poderá ser expandida tanto pela inclusão de novos insumos (novas premissas) quanto pela aplicação de novas tecnologias (novas abordagens).

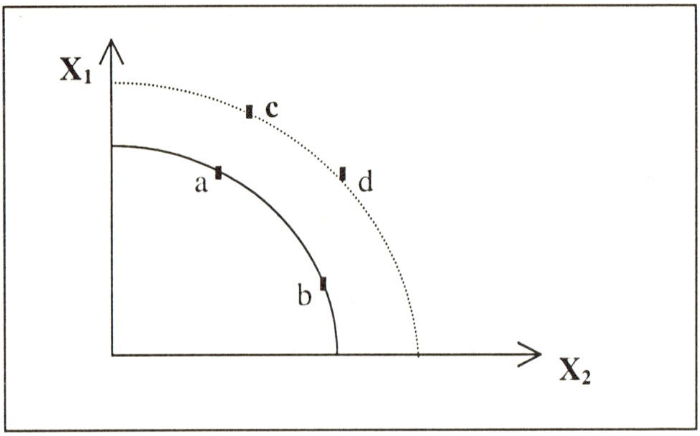

Passaremos a explorar algumas idéias – basicamente as idéias de análise situacional e de propensões, ambas de inspiração popperiana – que, acreditamos, poderão contribuir para o alargamento do conjunto de problemas que a ciência econômica reconhece em seu escopo.

Estrutura do trabalho

O ensaio está organizado da seguinte forma.

No capítulo 2, argumentamos que uma parte importante dos problemas econômicos permanece intocada por revestir-se de características que demandam técnicas de análise mais flexíveis do que as disponíveis na ciência econômica. Passamos, então, a discutir algumas dessas características, com ênfase nos aspectos de irreversibilidade, de pluricausalidade e de interacionismo do processo de formação dos eventos econômicos.

No capítulo 3, apresentamos a análise situacional como um método familiar à ciência econômica, mas que tem sido aplicado de forma restritiva em relação ao seu potencial explicativo. Discutimos sua concepção e princípios subjacentes e sugerimos que um procedimento mais abrangente de análise situacional na economia pode ensejar a expansão de sua fronteira de pesquisa.

No capítulo 4, discorremos mais detalhadamente sobre a forma como a análise situacional tem sido aplicada à economia e apresentamos algumas razões pelas quais esse procedimento tem deixado de fora importantes problemas da estrutura econômica.

No capítulo 5, discutimos as idéias de evolução histórica, causalidade e emergência para mostrar alguns dos aspectos que consideramos devam ser incorporados ao rol de insumos da teoria econômica, pela importância que podem vir a ter na caracterização de um quadro mais fidedigno do processo econômico.

No capítulo 6, introduzimos a teoria das propensões como instrumento complementar ao método de análise situacional, no sentido de que ela explica como, a partir da concorrência de múltiplos elementos em interação, uma dada situação econômica tende a gerar certas propensões e a favorecer uma delas na concretização de eventos econômicos singulares.

No capítulo 7, discutimos o problema de como identificar operacionalmente as propensões, argumentando que a teoria das propensões tem uma versão probabilística e pode se favorecer das técnicas estatísticas disponíveis, mas que ela não se esgota nas práticas de estimação que prevalecem hoje na economia.

No capítulo 8, fazemos algumas reflexões à guisa de conclusão e argumentamos que a teoria das propensões abre importantes veios de pesquisa para a análise metodológica, teórica e histórica.

São ainda apresentadas, sob a forma de apêndices, cinco notas sobre questões específicas que não se encontram inseridas no texto principal, pelo motivo único de se evitar longas notas de rodapé. No primeiro apêndice, estabelecemos a diferença entre as propensões tais como a economia tem concebido já de longa data – propensão a consumir, a poupar, etc. – e as propensões de que aqui nos ocupamos. No segundo apêndice, colocamos algumas idéias sobre o procedimento de pesquisa subjetiva na análise situacional. No terceiro, discutimos a necessidade do conceito de "seqüências virtuais" para a teoria das propensões, a partir de uma provocação de N. R. Giere. No quarto apêndice, consideramos a relação entre o problema econométrico da identificação e a hipótese das expectativas racionais, a partir da crítica de Lucas. Por fim, no quinto apêndice abordamos brevemente a elaboração de cenários como expediente utilizado fora da academia para contornar "vácuos" que a economia tem deixado na análise do processo econômico.

Esta a nossa proposta.

O desafio

Não obstante a multiplicidade de enfoques que a ciência econômica abriga hoje em suas fronteiras, que vai da axiomatização matemática à análise antropológica,[1] o treinamento metodológico que a economia tende a privilegiar é a abordagem de fatos estilizados por meio de modelos formais de otimização e de equilíbrio.

Conquanto uma parte importante dos problemas econômicos possa ser adequadamente tratada sob esse prisma metodológico, aí compreendidos os eventos recorrentes na estrutura de mercado,[2] dá-se, por outro lado, que uma gama igualmente importante de problemas permanece intocada por revestir-se de características que demandam técnicas de análise mais flexíveis do que a formalização matemática e mais rigorosas do que a narrativa histórica. Consideremos algumas dessas características.

---

[1] Tratando especificamente dos modelos dinâmicos na economia, Georgescu-Roegen (1978) divide em três grupos distintos as formas como os problemas econômicos têm sido tratados: o matemático-imaginativo, que funda os estudos em um ou vários supostos carentes de qualquer valor operativo e se guia por um interesse matemático mais do que pela preocupação econômica real; o mecânico-descritivo, que reduz a essência de todos os fenômenos a certos movimentos e se resume a descrever esses movimentos sem lhes desvendar as causas; e o analítico-fisiológico, que submete os fenômenos econômicos a uma análise fisiológica similar à da biologia.

[2] Estamos nos referindo aos fatos econômicos que se têm verificado em diversos tempos e lugares com alguma regularidade e permanência estrutural, possibilitando que se considere os agentes econômicos (consumidores, trabalhadores, administradores, empresários, etc.) como sendo semelhantes em diferentes partes do mundo e em diferentes épocas, sempre que se possa presumir a vigência de uma economia de mercado.

Hayek sobre pluralismo

Segundo Hayek, a economia lida essencialmente com fenômenos complexos, cujos aspectos a serem levados em conta sobre os quais podemos obter dados quantitativos são necessariamente limitados e podem não incluir aqueles mais importantes.[3] No estudo de fenômeno tão complexo como o mercado, que depende da ação de muitos indivíduos, todas as circunstâncias que determinam o resultado de um processo dificilmente serão conhecidas ou mensuráveis. As ciências sociais, como muito da biologia, têm que lidar com estruturas de complexidade essencial, isto é, com estruturas cujas propriedades características podem ser demonstradas apenas por modelos formados com um número relativamente grande de variáveis.[4]

Em alguns casos, prossegue Hayek, a falta de dados pode ser superada pela informação sobre a freqüência relativa ou a probabilidade de ocorrência das várias propriedades distintas dos elementos, em vez de informação específica sobre eles. Porém, isto só é legítimo se estivermos lidando com "fenômenos de complexidade desorganizada", não com os "fenômenos de complexidade organizada" com os quais temos que lidar nas ciências sociais. Nas palavras de Hayek,

> *organized complexity here means that the character of the structures showing it depends not only on the properties of the individual elements of which they are composed, and the relative frequency with which they occur, but also on the manner in which the individual elements are connected with each other.*[5]

Hayek propõe que se mensure o grau de complexidade de um evento pelo número de variáveis necessárias para exibir todos os

---

[3] Hayek (1985), p. 266.

[4] *Idem*, p. 267.

[5] "complexidade organizada aqui significa que o caráter das estruturas que a apresentam depende não apenas das propriedades dos elementos individuais dos quais são compostas e da freqüência relativa com a qual elas ocorrem, mas também da maneira pela qual os elementos individuais estão conectados uns com os outros", Hayek (1985), p. 270.

atributos característicos da classe a que o evento pertence. Trata-se, no entanto, de uma definição frouxa e questionável. A realidade social e econômica é formada por um conjunto de eventos que se renova constantemente. Alguns desses eventos são relativamente perceptíveis e compreensíveis, outros são obscuros e complexos. Qualquer alegação de complexidade só pode ser feita a propósito de eventos específicos que se esteja considerando, e não da realidade como um todo. A explicação dos eventos mediante referência a um número maior ou menor de variáveis, por sua vez, depende tanto de nossa capacidade de formular teorias engenhosas e simples quanto das características da realidade mesma. Portanto, jamais conseguiremos demonstrar que a realidade é complexa simplesmente porque não conseguimos teorias simples para explicá-la.

O novo paradigma do caos trouxe à tona novas discussões sobre o conceito de complexidade. Ruelle, por exemplo, define sistema complexo como aquele que contém muita informação difícil de se obter.[6] Isso abarcaria tanto as dificuldades operacionais (*e.g.*, grande quantidade de elementos não-quantificáveis) quanto as indeterminações *a priori* (emergências[7])?

A definição de Edgar Morin aproxima-se mais de nossa concepção sobre os elementos da estrutura econômica de que nos ocupamos no presente trabalho. Para ele,

> [Complexidade] é a extrema quantidade de interações e de interferências entre um número muito grande de unidades (...) que desafiam as nossas possibilidades de cálculo; mas a complexidade abrange também indeterminações, fenômenos aleatórios. (...) Ela convive com uma parte de incerteza, seja nas raias de nosso entendimento, seja inscrita nos fenômenos.[8]

Complexidade implica incerteza, e a incerteza decorre sim de nossa limitação cognitiva, o suficiente para pôr em xeque o ideal de racionalidade maximizadora da teoria econômica, mas decorre

---

[6] Ruelle (1993), p. 185.

[7] Sobre emergências, *vide* seção "Emergência na história", p. 88.

[8] *Apud* Pessis-Pasternak (1993), p. 14.

principalmente de certos processos sociais que só se determinam quando já se tornaram passado.[9]

A idéia de complexidade associada ao indeterminismo tem um forte apelo heurístico e, consideramos, uma grande fertilidade teórica. Mas, a rigor, a disputa entre determinação e incerteza é metafísica e interminável por princípio. Para René Thom, por exemplo, "o acaso é um conceito inteiramente negativo, vazio e, portanto, sem interesse científico".[10]

A argumentação é bem fundamentada:

> A noção de ordem é antes de mais nada morfológica, e, em última análise, geométrica, relativa e não-absoluta, de modo que "em um sistema molecular, a desordem perfeita, absoluta na escala da molécula, pode, em escala macroscópica, ser considerada uma ordem perfeita, porque então todos os seus pontos têm as mesmas propriedades observáveis".[11]

Que seja. Não está em causa enfrentar tal disputa presentemente. O que nos interessa é recolher nas colocações de Hayek, Ruelle e Morin algumas idéias que *sugerem* o que intuitivamente poderíamos denominar de "fontes de complexidade e incerteza".

A primeira é o envolvimento de um *número* relativamente grande de fatores na determinação dos eventos econômicos. Hayek parece restringir essa pluralidade ao número de *agentes* econômicos no processo, cada qual com uma posição e um peso relativo que são peculiares e que, portanto, precluem a homogeneização desses agentes em um "agente econômico representativo". Futuramente retomaremos a idéia do pluralismo sob uma perspectiva

---

[9] "Henri Atlan (...) situa o debate sobre o plano filosófico: 'Existe o acaso na natureza ou ele é o resultado de nossa ignorância das causas, ignorância que a ciência tem justamente por objetivo reduzir? Acaso essencial ou o é acaso por ignorância?' (...). Supor que um determinismo absoluto reja tudo o que surge no Universo, e admitir que em princípio suas leis poderiam se revelar a nós, é impedir de conceber a aparição de qualquer imprevisto, pois, por definição, nenhuma novidade poderia ser predita", Pessis-Pasternak (1993), pp. 17-18.

[10] *Apud* Pessis-Pasternak (1993), p. 16.

[11] *Idem*.

mais ampla, introduzindo fatores de caráter material e institucional, entre outros.

Ainda com relação a essa pluralidade de fatores, Hayek coloca que métodos mecânicos e modelos de simples explicação causal tornam-se cada vez mais inaplicáveis à medida que nos aproximamos de fenômenos cuja formação envolve interações humanas em larga escala. Nesses casos, os eventos dificilmente podem ser interpretados por meio de simples teorias causais ou "nomotéticas". Requerem, antes, explicação em termos dos efeitos conjuntos de um grande número de elementos distintos.[12]

A segunda fonte de complexidade e incerteza decorre da impossibilidade, ou pelo menos da dificuldade, de mensuração de muitos fatores determinantes dos eventos econômicos. Em seu famoso pronunciamento, *The Pretense of Knowledge,* por ocasião do recebimento de seu prêmio Nobel, Hayek teceu as seguintes críticas ao imperialismo dos números que assola as ciências sociais:

> *In the social sciences often that is treated as important which happens to be accessible to measuremente. This is sometimes carried to the point where it is demanded that our theories must be formulated in such terms that they refer only to measurable magnitudes.*
>
> *Such a demand quite arbitrarily limits the facts which are to be admitted as possible causes of the events which occur in the real world. With regard to the market and similar social structures, a great many facts which we cannot measure and on which indeed we have only some very imprecise and general information. And because the effects of these facts in any particular instance cannot be confirmed by quantitative evidence, they are simply disregarded, under the fiction that the factors which they can measure are the only ones that are relevant.*[13]

---

[12] Hayek (1973), p. 148.

[13] "Nas ciências sociais, geralmente é tratado como importante aquilo que é passível de mensuração. Isso algumas vezes é levado a ponto de se demandar que as nossas teorias sejam formuladas de modo a se referir apenas a magnitudes quantificáveis... Tal demanda limita arbitrariamente os fatos que podem ser

Katzner reforça a crítica, colocando que, apesar da tendência moderna nas ciências sociais de favorecer os problemas e técnicas que podem ser expressos e explorados mediante representação numérica, parece bastante claro que muitos aspectos importantes do cotidiano envolvem fenômenos cada vez mais difíceis, senão impossíveis, de mensurar. O comportamento humano, diz Katzner, parece envolver a inter-relação de muitos elementos não-quantificáveis, como no caso das negociações econômicas entre empregado e empregador. Às vezes, o significado da informação numérica fica pálido em comparação com as pressões políticas, sociais e psicológicas sob as quais as negociações se processam. Em outros casos, a não-quantificabilidade se expressa em muitas "resistências" ao desenvolvimento econômico, a exemplo dos *cultural patterns*, que têm sido identificados nos chamados países subdesenvolvidos. Fenômenos como a urbanização e outras mudanças estruturais e institucionais que acompanham o crescimento econômico também são difíceis de medir.[14]

Na verdade, a opção pelo quantificável não é um viés ilógico das ciências sociais. Muitos estudos envolvendo variáveis não-quantificáveis têm sido inviabilizados por sérias dificuldades metodológicas. Ao contrário das situações nas quais as variáveis são passíveis de mensuração, existem poucas regras guiando a construção, a manipulação e a verificação empírica dos modelos teóricos não-quantificados. Nesses casos, todas as operações aritméticas sobre as variáveis são proibidas e os procedimentos familiares de resolução de sistemas de equações simultâneas e de sistemas de equações diferenciais e de diferenças finitas não mais se aplicam.[15] Como superar essas dificuldades?

---

admitidos como possíveis causas dos eventos que ocorrem no mundo real. Em relação ao mercado e a estruturas sociais similares, há muitos fatos que não podemos quantificar e sobre os quais só temos um conhecimento muito impreciso e genérico. E porque os efeitos desses fatos em qualquer instância particular não podem ser confirmados por evidência quantitativa, eles são simplesmente negligenciados, sob a ficção de que os fatores que podem ser medidos são os únicos que são relevantes", Hayek (1985), pp. 267-268.

[14] Katzner (1983), p. 1.

[15] Katzner (1983), p. 6.

A terceira fonte advém do que Hayek denominou de "fenômenos de complexidade *organizada*", que se verificam sempre que as ações dos agentes econômicos não guardam independência entre si, mas, ao contrário, tenham algum tipo de correlação. O reconhecimento de que muitos problemas econômicos emergem de situações de complexidade organizada evidencia a dificuldade de que os eventos econômicos nem sempre podem ser tratados como de comportamento randômico, ao qual se pode aplicar a teoria convencional das probabilidades. Ainda que os eventos em geral resultem da ação de um grande número de elementos, nem sempre se pode presumir a propriedade de independência entre essas ações.

Há um quarto elemento que, não obstante ausente das colocações de Hayek, se nos apresenta como aspecto fundamental do processo social. Trata-se da possibilidade de emergência de fatores novos e não esperados no curso de qualquer dada situação. Na seção "Emergência na história" voltaremos a este ponto.

Do que foi anteriormente colocado, e mesmo que não recorramos à idéia de complexidade, podemos vislumbrar a existência de um número importante de problemas econômicos que não têm sido abordados na disciplina econômica por demandarem procedimentos teóricos e técnicos mais complicados do que aqueles a que estamos acostumados. A consideração de variáveis não-quantificáveis e não-estocásticas que concorrem para a formação dos eventos econômicos mediante interações não-lineares é uma grande ausente seja do ensino, seja da literatura econômica que é exportada da academia para os gabinetes dos formuladores de política econômica e para agentes econômicos em geral.

Mas isso não é tudo. A questão pode-se tornar ainda mais intrincada se considerarmos a concorrência de variáveis não-econômicas na determinação dos eventos econômicos.

Katzner sobre interação

A compartimentalização da ciência em disciplinas distintas tem uma importante função administrativa e organizacional. Ela permite que pessoas com interesses comuns se agreguem em foros específicos de discussão e troca de idéias, ao mesmo tempo em que sinaliza aos leigos onde buscar determinados tipos de informação. Essa é a razão de ser de uma sociologia, uma economia, uma biologia, uma antropologia, etc.

A especialização assim justificada, no entanto, acabou por desenvolver sérios obstáculos à interdisciplinaridade e contribuiu fortemente para arraigar a prática, senão a idéia, de que os problemas da atividade econômica são privativos da disciplina econômica e pouco precisam de insumos externos para sua solução. A verdade mais óbvia, contudo, é que os problemas reais não se submetem a convenções disciplinares. Fenômenos tipicamente econômicos como o desemprego, o crescimento econômico, a inflação, o comércio internacional etc. dificilmente podem ser abordados em termos de variáveis econômicas apenas.

Referindo-se ao processo de modernização, Katzner (1983) retoma o ponto de forma aplicada. O desenvolvimento econômico, diz Katzner, é apenas um dos muitos aspectos interdependentes do processo de modernização. Mesmo assim, não há praticamente nenhuma teoria corrente do desenvolvimento econômico que inclua mudanças sociológicas, culturais e políticas como parte de seu tecido dinâmico. Nem há, por outro lado, teorias não-econômicas que explicitamente considerem o impacto e os efeitos de *feedback* das variáveis econômicas. A impressão que fica é que se acredita ou que o desenvolvimento econômico causa a modulação política, sociológica e cultural, e portanto só tem a ver primariamente com a economia, ou que as modificações políticas, sociológicas e culturais são precondições para a mudança econômica e, então, somente os fatores não-econômicos são importantes. Para Katzner,

> *The obvious truth of the matter is that economic, sociological, cultural and political transformations are all occurring simultaneously and any theory that does not explicitly allow for this is subject to rather severe limitations.*[16]

[16] "A verdade óbvia é que as transformações econômicas, sociológicas, culturais e políticas estão ocorrendo simultaneamente, e qualquer teoria que não permita explicitamente a consideração desses elementos estará sujeita a severas limitações", Katzner (1989), p. 1.

François Perroux aponta algumas dessas limitações. Para ele, a experiência econômica dos indivíduos nas sociedades ocidentais posteriores ao século XVIII tem sido reconstruída abstratamente como um cálculo das vantagens e desvantagens líquidas, suscetíveis de quantificação física e de expressão quantitativa em termos de preços e custos do mercado, sob o pressuposto de que estes últimos medem adequadamente a escassez social. Cada indivíduo ou grupo pequeno assimilado a um indivíduo (família, empresa) é considerado logicamente isolado dos demais e incapaz de impor-lhes ou receber deles informações que não sejam pelo veículo do sistema de preços. Essas interpretações esquecem os fenômenos da comunicação, da organização institucional e mental do grupo, da memória, da aprendizagem.[17]

Do que já foi colocado, decorre mais uma vez que a análise puramente quantitativa do desenvolvimento econômico é de utilidade limitada, uma vez que importantes insumos e produtos do processo de crescimento não podem ser dessa forma calibrados.[18] Na verdade, a interação não apenas entre um grande número de fatores, como colocou Hayek, mas também entre fatores de múltiplas dimensões, como colocaram Katzner e Perroux, vem reforçar todas as "complexidades" que foram mencionadas.

Cross sobre irreversibilidade

Segundo Cross, existem dois elementos-chave para entender a imagem que a economia convencional tece do sistema econômico:

> *The first is homeostasis, or self-maintenance, which implies that economic systems return to the status quo ante after temporary disturbances abate (...). The second is time reversibility,*

[17] Perroux (1978), p. 362.
[18] Katzner (1983), p. 1.

> *in that economic systems can retrace their steps in the aftermath of disturbances (...).*[19]

Os dois elementos podem ser ilustrados mediante um simples exemplo de reação a um choque temporário de demanda. Considere o gráfico a seguir. Na economia neoclássica, se a demanda se desloca de *D* para *D'*, o mercado passa de *E* para *E'*. Se em seguida desaparece o fator responsável pelo deslocamento da demanda, o mercado voltará para a posição *E,* de forma perfeitamente similar a um pêndulo mecânico que pode oscilar para frente e para trás com a mesma facilidade.[20]

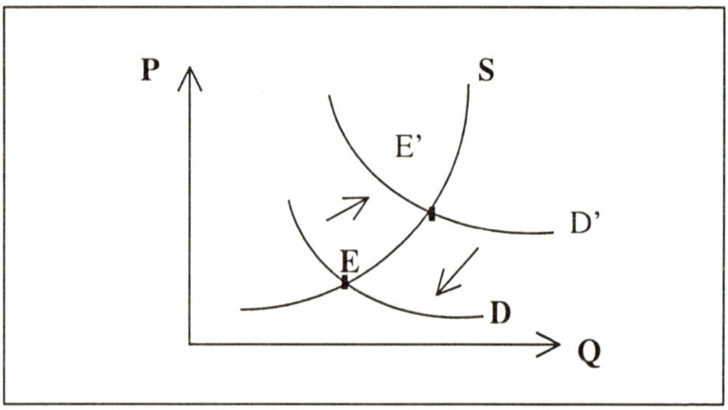

Fonte: Georgescu-Roegen (1978), p. 286.

[19] "O primeiro é a 'homeostase', ou automanutenção, que implica que os sistemas econômicos retornam ao *status quo ante* depois de perturbações temporárias (...). O segundo é a reversibilidade temporal, tal que os sistemas econômicos podem retroceder os seus passos depois dos resultados das perturbações (...)", Cross (1995), p. 124. Talvez não seja estritamente correto tratar homeostase e reversibilidade como propriedades distintas. Segundo o prof. Jorge Thompson Araújo, homeostase pressupõe reversibilidade temporal.

[20] O exemplo é de Georgescu-Roegen (1978), p. 286.

Portanto, o sistema apresenta homeostase e reversibilidade temporal, que constituem o pilar principal da teoria do equilíbrio de mercado.[21]

Agora, conforme argumenta Arrow, conquanto de uma perspectiva bastante ampla haja um considerável grau de automanutenção e homeostase na estrutura econômica, muitos eventos econômicos apresentam propriedades que não são consistentes com a hipótese de homeostase e reversibilidade. É o caso, por exemplo, do desemprego persistente, das flutuações cíclicas de amplitude e *timing* irregulares, do excesso de volatilidade no mercado financeiro e das várias formas de *reinforcement* nas tecnologias, nas preferências do consumidor, nas expectativas e na coordenação das atividades econômicas.[22]

O hábito que se forma durante o período de consumo de determinado bem não é rapidamente abandonado quando o preço desse bem se eleva:

> *The price of cotton during the American war was higher than it would have been if the previous low price had not brought cotton into common use to meet wants, many of which had been created by the low price.*[23]

Um outro exemplo é a ocorrência de retornos crescentes na produção:

> *When a causal disturbance has caused a great increase in the production of any commodity, and thereby has led to the intro-*

---

[21] *Idem*. Para Joan Robinson, em "Conferência Feita em Oxford por um Economista de Cambridge", esse tipo de diagrama é uma metáfora baseada em espaço para explicar um processo que se desenrola no tempo.

[22] Arrow, *apud* Cross (1995), p. 132.

[23] "O preço do algodão durante a guerra americana foi maior do que teria sido se o baixo preço antes vigente não tivesse tornado o algodão um bem de uso comum para satisfazer necessidades, muitas das quais haviam sido criadas pelo preço baixo". Marshall, *apud* Cross (1995), p. 125.

> *duction of extensive economies, these economies are not readily lost.*[24]

O próprio crescimento das economias modernas é um exemplo de fenômeno histórico, não-predizível *a priori*, que emergiu de um processo irreversível e que tem levado a transformações irreversíveis de nossas relações em sociedade.[25]

Na verdade, a irreversibilidade e a reversibilidade são as propriedades que distinguem os processos reais daqueles governados somente por leis da mecânica: podemos definir um sistema puramente dinâmico como sendo um sistema capaz de retornar a qualquer de suas posições anteriores.[26] Todos os sistemas dinâmicos econômicos satisfazem essa condição; o conceito fundamental da economia dinâmica é que o investimento e o desinvestimento, o crescimento e a contração são operações absolutamente simétricas. Segundo Georgescu-Roegen, os inumeráveis modelos dinâmicos que se têm originado do ensaio de R. F. Harrod, *An Essay on Dynamic Theory,* podem indicar no máximo a direção em que essas coordenadas podem avançar, mas não quais são as causas do movimento mesmo. Ao escreverem as relações típicas existentes entre algumas características elementares do processo econômico – como, por exemplo, entre a poupança e a renda real – esses modelos nada afirmam de falso; pelo contrário, o que afirmam é demasiado óbvio. O problema é que passam por alto todas as coisas verdadeiramente importantes.[27]

O desafio de expandir a fronteira da economia passa, portanto, pela necessidade de forjar instrumentos que permitam o tratamento desse conjunto de características: *eventos singulares irreversíveis* gerados por elementos não-quantificáveis e não-estritamente eco-

---

[24] "Quando uma perturbação causal tiver provocado um aumento na produção de qualquer bem, e, portanto, tiver ensejado a introdução de extensas economias, essas economias não são imediatamente perdidas", *idem*, p. 126.

[25] É bem verdade, conforme ressalta o prof. Jorge Thompson de Araújo, que algumas análises contemporâneas já incorporam a noção de irreversibilidade dos investimentos, a exemplo de Pindyck e Dixit.

[26] Georgescu-Roegen (1978), p. 287.

[27] Georgescu-Roegen (1978), pp. 298-299.

nômicos a partir de relações não-lineares. Esse é o objeto de nossas preocupações e, acreditamos, uma questão crucial para quem quer que queira investigar a feição e o modo de funcionamento da nova ordem econômica em formação.

Forjar tais instrumentos, por sua vez, é uma tarefa monumental. Mas é interessante notar como esse mesmo desafio permeia as ciências físicas e biológicas hoje. Conforme explicita Ilya Prigogine, prêmio Nobel de física em 1977,

> *our vision of nature is undergoing a radical change toward the multiple, the temporal, and the complex. (...) It is true that there are phenomena that appear to us as deterministic and reversible (...). Reversible processes do not know any privileged direction of time. But there are also irreversible processes that involve an arrow of time.*[28]

Argumentaremos ao longo do presente trabalho que a necessidade de considerar na análise econômica outros tipos de variáveis e relações distintas daquelas a que estamos acostumados não constitui barreira intransponível para a elaboração de análises teóricas e empíricas rigorosas na economia. Comecemos por explorar a idéia de análise situacional e de como ela pode constituir uma estrutura metodológica muito mais flexível para os estudos econômicos.

[28] "Nossa visão da natureza está sofrendo uma mudança radical em direção ao múltiplo, ao temporal e ao complexo (...). É verdade que existem fenômenos que se nos aparecem como determinísticos e reversíveis (...). Processos reversíveis não conhecem nenhuma direção privilegiada do tempo. Mas há também processos irreversíveis que envolvem uma seta do tempo", Prigogine e Stengers (1984), p. xxvii.

Análise situacional

A análise situacional foi originalmente proposta por Karl Popper como sendo o método das ciências sociais por excelência. Apesar da popularidade que o falsificacionismo popperiano obteve na economia, a idéia de Popper de análise situacional foi por muito tempo negligenciada e só mais recentemente tornou-se parte da literatura sobre metodologia econômica. Uma das razões disso, apontada por Hands,[1] foi a relativa inacessibilidade do trabalho de Popper nesse tópico. Sua apresentação mais clara da matéria, por exemplo, está em artigo escrito em 1961, publicado em francês em 1967 e somente traduzido para o inglês em data tão tardia quanto 1985.

Individualismo metodológico

Análise situacional é um método de explicação dos eventos sociais[2] que parte do pressuposto que a estrutura e o modo de funcionamento do tecido social – em suas várias dimensões – são o resultado das ações e das decisões de inúmeros indivíduos que atuam em seu ambiente dentro de uma lógica de situação. Um elemento-chave para se entender o método de análise situacional é o conceito de individualismo metodológico.[3]

---

[1] Hands (1992), p. 28.

[2] Entenda-se "sociais" em sentido amplo, abarcando os eventos econômicos, sociológicos, políticos, culturais, etc.

[3] Evitaremos uma discussão extensa dessa matéria que, por si só, seria um trabalho à parte. Em vez disso, colocaremos o que consideramos ser uma boa concepção a ser adotada na explicação dos processos econômicos e tentaremos, basicamente, distinguir o que aqui entendemos por individualismo metodológico

A expressão "individualismo metodológico" foi criada pelo sociológo e economista austríaco Joseph Schumpeter e divulgada por Friedrich von Hayek e Karl Popper.[4] Ela designa, em síntese, a idéia de que todo evento social, qualquer que seja, é sempre o resultado de ações, de atitudes, de convicções, enfim, de comportamentos individuais.

Segundo Boudon e Bourricaud, nas ciências sociais, incluindo a economia, a noção de *individualismo* designa o fato de que nas sociedades industriais modernas, diferentemente de outros tipos de sociedades, o indivíduo é a unidade fundamental de referência para a sociedade, dotado de autonomia para decidir sobre suas crenças, seus valores e suas opiniões. Trata-se de uma autonomia apenas parcial, na medida em que as ações individuais estão submetidas às proibições oficiais e oficiosas que são impostas pelo meio social. De qualquer forma, a premissa é de que as sociedades modernas podem ser tomadas como "individualistas" nesse sentido, principalmente se comparadas às sociedades tradicionais.[5]

No sentido *metodológico*, a noção de individualismo requer que as explicações sobre eventos sociais sejam construídas de modo a tomar como unidade de análise as ações de indivíduos, por oposição a instituições, grupos ou outras formas coletivas. Assim, o individualismo metodológico aplica-se também às sociedades não-individualistas no sentido sociológico, ou às chamadas sociedades "arcaicas", nas quais o indivíduo não dispõe de autonomia real, exceto no plano biológico ou físico.

Se queremos explicar um determinado evento social, digamos *e*, podemos tentar correlacioná-lo com algum outro evento social *e'* e mostrar como ambos estão interligados. Se *e* e *e'* forem eventos independentes, pode-se estabelecer uma relação causal entre ambos e obter, dessa forma, uma explicação *agregada ou não-individual*, que poderá ser extremamente útil e informativa:

---

daquilo que a economia tem praticado – melhor definido como "psicologismo metodológico".

[4] Boudon (1995), p. 33.

[5] Ver Boudon e Bourricaud (1993), p. 285.

> Suponha-se que se queira explicar um fenômeno social P: por exemplo, a mobilidade social é maior no país A do que no país B. Para explicar P, pode-se (...) levantar a hipótese de que a mobilidade cresce com o desenvolvimento econômico e tentar mostrar que o país A tem um nível de desenvolvimento mais elevado do que o país B.[6]

Por interessante que seja, no entanto, esse tipo de explicação deixa intocado o cerne do problema, principalmente do ponto de vista dos *policy-makers*: como se gera a correlação observada? Qual é a situação cuja lógica engendra as correlações observadas no nível estatístico?[7]

O individualismo metodológico, por outro lado, permite derivar explicações que descrevem um dado evento social como sendo conseqüência do comportamento de indivíduos pertencentes ao ambiente em questão. A análise consiste também em relacionar dois ou mais eventos agregados, mas agora a relação é deduzida de representações explícitas do comportamento dos indivíduos.[8]

Isto vale tanto no plano da análise teórica quanto no plano da interpretação histórica. No primeiro caso, Hayek e Popper colocam que

> uma correlação tão simples quanto a que vincula os preços agrícolas às condições meteorológicas só tem significado se considerada enquanto conseqüência de microcomportamentos que obedecem a uma certa lógica.[9]

No segundo caso, quem dá o exemplo é Mannheim:

> [Mannheim se interroga] por que razão o tabu que pesou durante tanto tempo sobre os empréstimos com juros foi desaparecendo progressivamente. Foi-se erodindo, explica, com o desenvolvimento das trocas. Enquanto estas se realizavam entre

---

6 Boudon e Bourricaud (1993), p. 289.

7 Boudon e Bourricaud (1993), p. 289.

8 A relação não necessariamente resulta da soma linear desses comportamentos, mas de outros efeitos de composição. Ver Boudon (1995), pp. 52-57.

9 Boudon e Bourricaud (1993), p. 290.

> indivíduos que se conheciam, o prestamista podia esperar que o mutuário lhe prestasse, oportunamente, serviços equivalentes ao empréstimo concedido. Com o surgimento da economia de troca, este sistema bilateral irá se revelar demasiado rígido. O prestamista só se pode permitir responder às necessidades financeiras de um mutuário anônimo se tiver a garantia de que este lhe pagará juros. A partir do momento em que a necessidade é lei, a idéia de caráter imoral do empréstimo com juros foi se erodindo progressivamente, acabando por cair em desuso. Eis por que, hoje em dia, o tabu se refugiou no seio da família restrita, meio em que prevalecem as relações de interconhecimento que, nas sociedades tradicionais, se estendiam a grupos e a redes muito mais vastas.[10]

Não se trata de explicar fenômenos microeconômicos em que os atores estão em interação direta. Trata-se principalmente de explicar fenômenos macroscópicos, que se situam em uma escala muito mais ampla do que a dos grupos diretamente observáveis. De modo geral, interessam à ciência da economia não apenas as situações de interação direta caracterizadas por uma situação de face a face entre atores, mas sobretudo as situações de *interdependência*, em que os atores agem entre si sem se conhecerem e sem se verem.[11]

O princípio do individualismo metodológico não era estranho ao próprio Marx, que, por mais contraditório que pareça em relação a sua concepção de método, aconselhava Proudhon a não considerar a sociedade como uma sociedade-pessoa, mas como uma sociedade de pessoas.[12] Isso porque o individualismo metodológico não impede que os indivíduos sofram todo tipo de influência dos interesses e objetivos dos grupos a que pertençam, bem como de outros indivíduos. Na verdade, uma das grandes dificuldades de se aplicar a teoria das probabilidades nas ciências sociais decorre exatamente do fato de que as ações humanas, em geral, estão altamente correlacionadas entre si, dificilmente podendo ser caracteri-

[10] Boudon (1995), pp. 28-29.

[11] *Idem*, p. 29.

[12] Boudon (1995), p. 32.

zadas como "independentes". Alguns sociólogos têm passado a adotar novas denominações para o individualismo metodológico com o intuito de deixar claro que a metodologia individualista não implica o desconhecimento das coerções sociais sobre a ação, bem como das estruturas ou instituições que determinam essas coerções. Assim é que Bourricaud fala em "individualismo institucional" e Wippler em "individualismo estrutural" no sentido de que,

> para explicar a ação de um indivíduo, em geral é necessário determinar os dados estruturais e institucionais que delimitam o campo de ação em que ele se move, assim como os efeitos da socialização a que foi exposto e os recursos de que dispõe.[13]

Em suma, o individualismo metodológico não pressupõe que as explicações sociais se reduzam a leis psicológicas. Ao contrário, nenhuma ocorrência social pode ser explicada só pela motivação psicológica dos agentes, sem referência ao ambiente total em que atuam. Conforme mostraremos adiante, uma das limitações da teoria econômica neoclássica está justamente no fato de ela ter adotado uma versão psicologista do individualismo metodológico, tomando certas premissas sobre o comportamento econômico como dados fixos da análise. Em particular, a suposição de que os indivíduos são racionais e egoístas não faz parte da doutrina do individualismo metodológico, embora seja compatível com ela.[14]

Uma formulação concisa da oposição de Marx ao psicologismo, isto é, à doutrina de que todas as leis da vida social devem ser em última análise reduzidas a leis psicológicas da natureza humana, é expressa em seu famoso epigrama: "Não é a consciência do homem que determina sua existência, mas é sua existência social que determina sua consciência".[15] De modo geral, o que esse epigrama expressa é algo muito próximo do que estamos aqui definindo como "análise situacional", que pretende desfazer uma imagem *atomista* em prol de uma imagem *interacionista* do processo econômico.

---

[13] *Idem*, p. 291.

[14] Elster (1986), p. 37.

[15] Marx, *A contribution to the critique of political economy*, Prefácio.

A doutrina do psicologismo reza que, sendo a sociedade o produto de mentes interagindo, as leis sociais devem ser redutíveis a leis psicológicas, uma vez que os eventos da vida social, inclusive as convenções, devem ser o resultado de motivos que brotam das mentes de homens individuais.[16] A essa doutrina Popper contrapõe uma visão *institucionalista*, segundo a qual nenhuma ação pode ser explicada com base em motivações apenas; se motivos (ou outros conceitos comportamentais) devem ser usados na explicação, então devem ser suplementados mediante referência à situação geral, especialmente ao ambiente. No caso das ações humanas, esse ambiente é amplamente de natureza social; portanto, nossas ações não podem ser explicadas sem referência ao nosso ambiente social, às instituições sociais e à forma como funcionam.[17]

As necessidades, desejos, medos, expectativas, motivos e aspirações dos indivíduos são primariamente o produto da vida em sociedade, conforme colocou Marx. Por outro lado, é de se reconhecer que a estrutura de nosso ambiente social é feita pelo homem em boa medida, no sentido de que as instituições, tradições e convenções sociais não são nem trabalho de Deus, nem da natureza, mas resultam de ações e decisões humanas, alteráveis por ações e decisões humanas. Há dois fatos importantes a considerar:

- os indivíduos tomam decisões em um ambiente que *não podem controlar* totalmente, de forma isolada;
- as ações humanas conscientes e intencionais geram, como regra, resultados indiretos, não-pretendidos e, freqüentemente, não-desejados.

Como Popper coloca, apenas uma pequena parte das instituições sociais foi conscientemente desenhada, enquanto a vasta maioria delas simplesmente emergiu como conseqüência não-pretendida de ações humanas.[18] A estrutura econômica de mercado em que estamos inseridos é um bom exemplo de instituição que emergiu de forma não-planejada por qualquer indivíduo, como resultado indi-

---

[16] Popper (1950), p. 282.

[17] Popper (1950), p. 283.

[18] *Idem*, p. 286.

reto das ações de muitos indivíduos. Outro exemplo, agora não mais um evento histórico único, mas um evento recorrente no dia-a-dia, é a elevação dos preços quando a demanda se eleva:

> *If a man wishes urgently to buy a house, we can safely assume that he does not wish to raise the market price of houses. But the very fact that he appears on the market as a buyer will tend to raise market prices.*[19]

Ou, ainda:

> *If a man decides to insure his life, he is unlikely to have the intention of encouraging some people to invest their money in insurance shares. But he will do so nevertheless.*[20]

A economia abunda de tais exemplos. Mesmo as instituições que foram objeto de planejamento consciente pelos indivíduos (universidades e sindicatos, por exemplo) não funcionam totalmente de acordo com o plano, devido às repercussões sociais não-pretendidas de sua criação intencional: a criação de novas instituições afeta não somente outras instituições sociais já existentes, como também a chamada "natureza humana", ou seja, as aspirações, medos e expectativas dos indivíduos. Uma das conseqüências desse fato é que os valores morais que os membros de uma sociedade reconhecem como legítimos estão estreitamente circunscritos por suas instituições e tradições, e em geral não subsistem à destruição destas.[21]

Retomemos um ponto atrás: em qualquer sociedade humana, de qualquer tempo que se queira considerar, o tecido social e a estrutura econômica que se tenha formado foram os resultados de

---

[19] "Se um homem quer comprar uma casa urgentemente, podemos presumir com segurança que ele não quer a elevação de preço no mercado imobiliário. Mas o fato mesmo de que ele surge no mercado como comprador contribuirá para que os preços de mercado se elevem", Popper (1950), p. 288.

[20] "Se um homem decide fazer um seguro de vida, não é provável que ele tenha a intenção de encorajar algumas pessoas a investir seu dinheiro em ações de companhias de seguro. Mesmo assim ele o fará", *idem*, p. 289.

[21] Popper (1950), p. 286.

ações e de decisões individuais, ainda que tomadas em grupo ou em nome de instituições.

Dizer que os indivíduos são unidades básicas da ação, em referência aos quais os eventos devem ser explicados, não significa que eles tenham características e propriedades imutáveis ou independentes do contexto em que atuam. A idéia não é buscar um "fundamento último" da explicação, até porque qualquer propósito ou motivação individual pode ser explicado ulteriormente mediante referência a diversas classes de elementos, de ordem material, psicológica ou institucional. Na verdade, pode-se gerar um regresso ao infinito de explicações para desenhar toda a trajetória de eventos que culminaram em uma determinada decisão individual. Individualismo metodológico, tal como o concebemos, é em tudo compatível com explicações ulteriores da ação humana. Não há tal coisa como um "conceito primitivo", em termos absolutos.

Tampouco decorre da perspectiva do individualismo metodológico que as explicações de caráter agregativo sejam falsas ou inúteis. Se o problema econômico a ser resolvido nada mais pede do que o estabelecimento de uma relação genérica entre variáveis, não faz muito sentido despender recursos em pesquisas microeconômicas que, em geral, são mais penosas. Embora traduzam uma idéia simples e banal, as explicações em termos de individualismo metodológico nem sempre são de fácil execução. Por exemplo:

> *Uma dada taxa de natalidade resulta, sem qualquer sombra de dúvida, da conjugação de comportamentos individuais. No entanto, [pode-se] ser incapaz de explicar, por exemplo, a razão pela qual os comportamentos em matéria de procriação se modificaram entre dois períodos. Daí que se revistam de valor outros tipos de explicação (a explicação estatística, por exemplo). Assim, pode ser interessante observar a existência de uma correlação entre a evolução das taxas de natalidade e uma dada variável econômica, mesmo que não se tenha nenhuma idéia das causas microscópicas que lhe subjazem.*[22]

[22] Boudon (1995), p. 36.

Da mesma forma que a microeconomia considera indivíduos como as unidades básicas da análise, a macroeconomia considera como unidades básicas as famílias, as firmas e o governo. Não há qualquer problema em se tomar grupos ou instituições como unidades da análise, se a situação em causa puder ser mais facilmente explicada mediante referência à interação entre esses grupos *e* se não houver prejuízo para a consideração de eventuais fatores de ordem subjetiva. Mesmo nesses casos, é ainda importante ter em mente que os próprios grupos nada mais são do que conjuntos de indivíduos que elegem interesses e objetivos comuns. Uma vez que essa unidade seja quebrada e os interesses dos indivíduos deixem de ser observados, o grupo não subsiste por si só, por mais sólido que até então se tenha mantido.

Por outro lado, o individualismo metodológico nada tem a ver com o programa de reduzir a macroeconomia à microeconomia. O programa de pesquisa formalista consiste em deduzir o maior número possível de resultados a partir dos postulados básicos da maximização da utilidade.[23] Um dos princípios defendidos no presente trabalho, ao contrário, é justamente o da flexibilização de hipóteses restritivas em favor da abordagem de um maior número de problemas.

Para os propósitos da explicação, portanto, partimos da idéia de que os eventos sociais são o resultado de decisões e ações tomadas individualmente, mesmo que essas ações e decisões tenham sido em maior ou menor medida influenciadas ou ditadas por fatores objetivos do ambiente e mesmo que essas pessoas atuem na condição de representantes de nações, raças, religiões e grupos sociais em geral. Corolário dessa idéia é que, se quisermos explicar um evento ou antecipar o resultado futuro mais provável de uma situação, temos que levar em conta que indivíduos tomarão as decisões, sujeitos a suas características pessoais e a restrições objetivas – materiais e institucionais – do ambiente em que atuam. Quem são os indivíduos relevantes, aqueles cujo comportamento pode influenciar o curso da situação? Como esses indivíduos mais provavelmente agirão? Eis duas perguntas que dificilmente pode-

[23] Mayer (1995), p. 29.

rão ser adequadamente respondidas mediante referência aos conceitos de "agente médio representativo" e de "racionalidade econômica maximizadora".

Da forma como é concebido por Ludwig von Mises, o indivíduo é visto como a unidade de explicação, porque o indivíduo sozinho é o agente dotado de propósito. Ele vê, então, como ilegítimo ir além para explicar a origem ou a emolduração dos propósitos mesmos.[24] Mas, estritamente falando, o tipo de individualismo metodológico propugnado por von Mises não nega que as preferências e os desejos dos indivíduos sejam alterados pelas circunstâncias. O que é crucial na perspectiva de Mises é a admissão de que, *para os propósitos da pesquisa econômica*, os indivíduos e suas preferências devem ser tomados como dados.[25] Essa tem sido a proposta metodológica subjacente à teoria econômica e a razão pela qual, do nosso ponto de vista, ela não conseguiu internalizar e explicar muitos eventos importantes da realidade econômica. Em algumas situações, é crucial para a explicação de um evento mostrar como as decisões individuais foram *alteradas* no curso do processo econômico, devido a mudanças na interpretação de fatores que sempre estiveram presentes ou à emergência de novos fatores.

Há duas idéias importantes relacionadas ao ponto que acabamos de colocar. Primeiro, a alteração de comportamento no curso do processo econômico não tem sido devidamente considerada nem mesmo pelos economistas e historiadores que abraçam claramente uma perspectiva individualista, a exemplo de Douglas North e R. Thomas. Em *The Rise of the Western World*, tais autores, ao discutirem a transição do feudalismo para o capitalismo, reconhecem que a emergência de direitos de propriedade bem definidos foi fundamental para o incremento da prosperidade das nações, ao possibilitar que indivíduos "racionais e calculadores" adotassem posturas ativas em busca do lucro. No entanto, a análise não dá qualquer explicação de como surgiu esse indivíduo racional, deliberativo e malicioso, que é mais presumido do que explicado na análise. É claro que indivíduos dotados da racionalidade econômica que conhecemos hoje não existiram sempre ao longo de toda a

---

[24] Hodgson (1992), p. 126.
[25] *Idem.*

história; a emergência dessas novas características tem que ser explicada em termos de fatores tais como mudanças na cultura, nas tradições e nas instituições.[26]

Segundo, a concepção de que os indivíduos alteram suas percepções e decisões ao longo do processo econômico foi um dos pontos capitais na famosa "crítica de Lucas". Lucas ataca o uso de modelos econométricos como base para avaliação de políticas econômicas com o argumento da "não-invariância" das políticas, ou seja, o argumento de que as equações estimadas dos modelos econométricos dificilmente permanecem invariantes às próprias mudanças nas políticas que o econometrista procura avaliar. As técnicas de estimação econométricas têm que ser formuladas e implementadas considerando-se que existe um processo de aprendizagem levado a cabo constantemente pelos agentes econômicos, que são eles próprios variáveis dos modelos econômicos. As falhas das técnicas econométricas e das políticas econômicas ocorrem devido ao fato de que mesmo os indivíduos mudam suas percepções e decisões durante o período em que analiticamente seria fundamental a manutenção do estado de *ceteris paribus*.[27]

Por que tomar os indivíduos como unidade de análise? Por dois motivos básicos. Primeiro, porque os indivíduos são necessariamente os veículos das ações que geram eventos e processos econômicos. São os indivíduos que inventam *chips* de computadores, investem em indústrias de *chips*, processam os *chips* em linhas de produção, se revoltam contra os baixos salários nessas indústrias, se candidatam a líderes sindicais; enfim, que dão existência ao que chamamos de economia.

Por paradoxal que seja em relação à ênfase que coloca no papel do indivíduo, a teoria econômica, com seu conceito de firma dotada de uma função a ser maximizada, muito contribuiu para a negligência do papel dos indivíduos no processo produtivo. Na economia interna das empresas e das corporações, por exemplo, o

---

[26] Hodgson (1992), p. 128.

[27] As conseqüências da crítica de Lucas podem ser mais profundas e mais criativas se não apostarmos todas as cartas na hipótese das expectativas racionais, mas, ao contrário, abrirmos espaço para a consideração de tipos de comportamento aquém do ótimo absoluto. Voltaremos a esse ponto no Apêndice D.

trabalho não é um fator de produção homogêneo a ser aplicado em linhas de montagem. O sucesso da organização e até mesmo a possibilidade de maximização dos lucros depende intrinsecamente das relações internas que se estabeleçam, tanto dentro do mesmo nível hierárquico, quanto em diferentes instâncias de trabalho e de supervisão. Firmas que reconheceram a importância desse fato e o quanto poderiam ganhar com o aproveitamento do potencial criativo, mais do que diretamente com o produtivo, e com uma maior integração de seus empregados, tornaram-se modelos que hoje são copiados.[28]

O segundo motivo é que o indivíduo é também o fim, o objetivo do processo econômico, seja diretamente, como alvo das políticas públicas de bem-estar, seja indiretamente, como realizador e consumidor da produção.

Para os propósitos deste trabalho, tomaremos o individualismo metodológico como expediente adequado segundo as seguintes considerações práticas:

- qualquer que seja o nível de determinação social sobre o indivíduo, continua sendo verdade que ele é quem toma decisões e desencadeia os processos que geram os eventos a serem explicados (ao passo que as coletividades são entidades derivadas, ou seja, só têm objetivos e um modo de funcionamento por meio dos indivíduos que as integram);

- objetivo de *construir* um ambiente social desejável ou de intervir no curso do processo social somente pode ser alcançado se houver uma percepção clara de como esse ambiente se forma e do mecanismo pelo qual os eventos são gerados. O individualismo metodológico pode constituir expediente importante no sentido de prover explicações relevantes para a formulação de políticas públicas.

---

[28] Himmelstrand (1992), p. 7.

A concepção de análise situacional

A análise situacional é um certo tipo de explicação sobre os eventos sociais que apela para a situação na qual os agentes se encontram. Sem pretender abarcar todas as circunstâncias do processo criacional das ações humanas, a análise situacional tenta fazer uma reconstrução idealizada da situação problemática em que o agente (ou unidade decisória) se acha, e derivar a ação adequada a essa situação.[29]

A importância da análise situacional para as ciências sociais está no fato de que, partindo da perspectiva do individualismo metodológico, ela se erige na noção de que as ações humanas só podem ser compreendidas mediante referência ao ambiente total em que essas ações são adotadas, considerando-se a interação de fatores de ordem material, mental e institucional:

> A lógica de situação supõe, de um modo geral, um mundo físico, no qual atuamos. Este mundo contém recursos físicos à nossa disposição e de que conhecemos algo, e resistências físicas de que, de um modo geral, também sabemos alguma coisa (na maioria das vezes, não muito). Por outro lado, a lógica situacional tem de admitir igualmente um mundo social, dotado de outros indivíduos, sobre cujos objetivos sabemos alguma coisa (não muito, na maior parte das vezes) e, além disso, dotado de instituições sociais. Estas instituições (...) são constituídas por todas aquelas realidades sociais do universo social, que correspondem aos objetos do mundo físico. Neste sentido, são instituições sociais um lugar de hortaliças, um instituto universitário, uma força policial ou uma lei.[30]

Os que estão familiarizados com a epistemologia popperiana hão de reconhecer aqui a teoria dos três mundos, que descreveremos brevemente a seguir.

Por conveniência meramente didática, podemos conceber a realidade social como sendo o resultado da interação de elementos que podem ser classificados em três grupos ou "mundos" (na ter-

[29] Popper (1972), p. 179.

[30] Popper (1988), p. 84.

minologia de Popper). O primeiro é o mundo material, ou mundo dos estados materiais. Numa análise econômica de curto prazo, elemento importante desse mundo seria o estoque de bens de capital disponível em determinado momento. O segundo mundo é o mundo dos estados mentais, aí compreendidos valores, objetivos, expectativas e intenções dos indivíduos. Na economia, elementos decisivos do segundo mundo são os processos de aprendizagem e a interpretação cognitiva dos agentes.[31] Por fim, o terceiro mundo abriga todos os produtos do intelecto humano, aí compreendido o conhecimento e a tecnologia, as instituições sociais, a cultura e as tradições, a legislação e as normas de conduta.

Em algumas situações, atores humanos individuais de estatura pouco visível podem realmente afetar o curso de uma situação no longo prazo, de tal forma que, sob condições de *feedback* positivo, a personalidade de empresários e as convicções ideológicas de tomadores de decisão nos assuntos públicos passam a ter uma potencialidade de alavancagem muito mais forte para afetar o resultado final de um processo do que geralmente se presume.[32]

No processo econômico, o estado mental dos agentes tem uma importância capital em pelo menos dois sentidos.

Primeiro, pelo que afeta em termos de produtividade e eficiência dos agentes envolvidos na produção, o que, em última instância, determina a qualidade dos bens e serviços que consumimos. Nesse sentido, muitas organizações hierárquicas adotam técnicas de integração social entre seus empregados, como forma de promover confiança, cooperação e identidade de interesses necessários para atenuar os custos de supervisão.[33]

Segundo, pela objetividade de um elemento essencialmente subjetivo: as expectativas dos agentes. Mais do que estados de espírito, essas expectativas afetam o curso real de uma situação por definirem, em última instância, as decisões que os agentes tomarão em relação a problemas específicos. Assim é que tão importante quanto as características fatuais de uma situação são as percepções

---

[31] Ver, a propósito, Abrantes (1994).

[32] David (1993), p. 38.

[33] Nicholas (1993), p. 154.

que os agentes têm dessa situação, por viesadas e ilusórias que sejam. Nesse sentido, a hipótese das expectativas racionais pode ser capaz de explicar muito dos eventos econômicos, mas apenas naquelas circunstâncias em que a situação real do ambiente é transparente à percepção dos agentes. Em situações econômicas complexas, entretanto, em que uma decisão ótima requer a consideração de um grande número de variáveis, a idéia de expectativas racionais talvez não seja a melhor aposta sobre o resultado do processo decisório.

Se por um lado as disposições comportamentais dos agentes são importantes fatores na explicação dos processos econômicos, por outro lado não há qualquer razão para se pensar que essas disposições correspondam ao padrão maximizador com preferências convexas. Melhor dizendo, o comportamento pode ser maximizador e as preferências podem ser convexas; mas isso não é uma necessidade, nem é capaz de descrever o comportamento econômico *em quaisquer circunstâncias*.

Uma das razões pelas quais o comportamento econômico dificilmente se submete a proposições de ampla validade espácio-temporal decorre do fato de que ele se molda *parcialmente* em função dos sinais que recebe do ambiente, principalmente os sinais institucionais. Assim é que o declínio da poupança no mundo ocidental nos últimos tempos pode ser explicado em termos de preferências subjetivas intertemporais pelo consumo, mas, conforme explica Maital e Maital, o comportamento "mióptico" foi definitivamente catalisado pela emergência de instituições financeiras do tipo *freely-available credit card*.[34]

Uma abordagem mais sistemática para mensurar o papel do fator cultural é desejável e possível. Muito da recente controvérsia sobre se os japoneses são economicamente eficientes porque são culturalmente diferentes tem chamado atenção para a importância de se resistir a explicações culturais simplistas.[35] Mas não há dúvidas de que o resultado daquilo que se chama hoje de "investimento

[34] *Apud* Klamer (1992), p. 78.
[35] Hannah (1993), p. 158.

em capital humano" é muito mais rápido e intenso em determinados contextos culturais, dos quais o Japão é um exemplo claro.

Tão ou mais importante do que os aspectos culturais para os processos econômicos são os elementos institucionais do ambiente. Para Veblen, as instituições econômicas são complexos de costumes, papéis e comportamento convencional. Ele funde numa mesma expressão, portanto, o que concebemos como tradição e instituição. Não importa, porém, tal distinção, pois a mensagem é a mesma. Para ele, costumes são padrões de comportamento essencialmente não-deliberativos e, em certa medida, até inconscientes. Hodgson[36] chama a atenção para o contraste dessa idéia com a visão da escola austríaca, para a qual toda ação é proposital, e com a idéia neoclássica de que toda ação é determinada por funções de preferência de valores definidos.[37] Em certa medida, a idéia de costumes e de tradição conflita com as premissas do liberalismo clássico, no sentido de que ela desafia a idéia de inviolabilidade do julgamento individual.

O curso de um processo econômico normalmente envolve elementos dessas três categorias. Mas as diversas teorias econômicas (não apenas o *mainstream*) tendem a privilegiar uma determinada categoria como determinante dos eventos. A teoria convencional tende a colocar todo o peso da explicação nos aspectos subjetivos do comportamento de consumidor e das relações interpessoais, poupando detalhamentos sobre o meio em que as ações se dão (exceção feita à teoria dos jogos, que começa a preencher essa lacuna). A teoria do comércio internacional tende a privilegiar a dotação de fatores como explicação para a troca entre nações. A economia institucional, conforme o nome já diz, tende a privilegiar as pressões do ambiente sobre as decisões subjetivas. *Falta-nos basicamente uma teoria que junte todas essas peças e forneça uma descrição mais próxima do processo real de interações.*

Operacionalmente, essa não é uma tarefa simples e caracteriza o que há de mais complexo na análise das chamadas "estruturas de complexidade organizada", como é o caso da sociedade humana e,

---

[36] Hodgson (1992), p. 131.

[37] "single-valued preference functions", *idem*.

mais especificamente, do mercado. Os elementos formadores da realidade econômica, que classificamos didaticamente em físicos/materiais, mentais/comportamentais e institucionais/culturais, formam uma rede intrincada de ligações que dificilmente podem ser descritas por quantidades e proporções. Formam teias de pontos em que cada fator emana e recebe influências múltiplas, gerando um processo difícil de ser captado. Não obstante as dificuldades reconhecidas, temos que forjar parâmetros como guia para análise.

Uma situação real pode ser definida como a conjunção de elementos materiais ou físicos (EMF), mentais ou comportamentais (EMC) e culturais ou institucionais (EIC), que interferem uns nos outros, de modo a dar uma feição peculiar a cada estado do ambiente. No caso de eventos humanos, sabemos que o veículo que porta a influência dos acontecimentos de um momento para afetar ou gerar os de um momento posterior é o pensamento humano: memória, discernimento, expectativa, intenção.[38] Mais especificamente, os fatores físicos e os institucionais só se influenciam mutuamente pelos processos mentais e pelas ações dos indivíduos.

Pode-se visualizar o processo da seguinte forma. Todos os eventos sociais são gerados por comportamentos e por ações de indivíduos, os quais atuam sobre os estados físicos e materiais do ambiente, e/ou sobre a rede de informações, tradições e instituições vigente. Por intermédio dos estados mentais, as necessidades interpostas pelo ambiente abrem situações problemáticas que levam os indivíduos a inovarem em idéias e a concretizarem essas idéias sob a forma de entidades, materiais ou não. Essas novas entidades, por sua vez, atuam sobre o meio, alterando-lhe o estado original, de forma a solucionar o problema ou a modificar-lhe a feição. Trata-se de um fluxo contínuo, tal como sugere o quadro a seguir.

[38] Shackle (1976), p. 78.

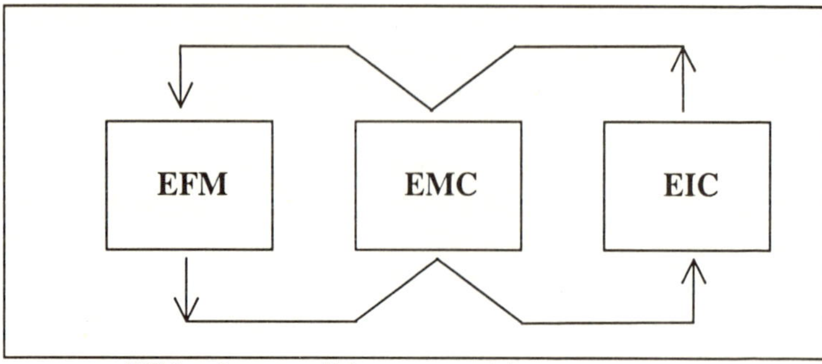

EFM = elementos físicos ou materiais
EMC = elementos mentais ou comportamentais
EIC = elementos institucionais ou culturais

Sabemos também que estados mentais e comportamentais dos indivíduos são eles próprios largamente influenciados pelos estados físicos ou materiais do ambiente e pelos fatores institucionais e culturais:

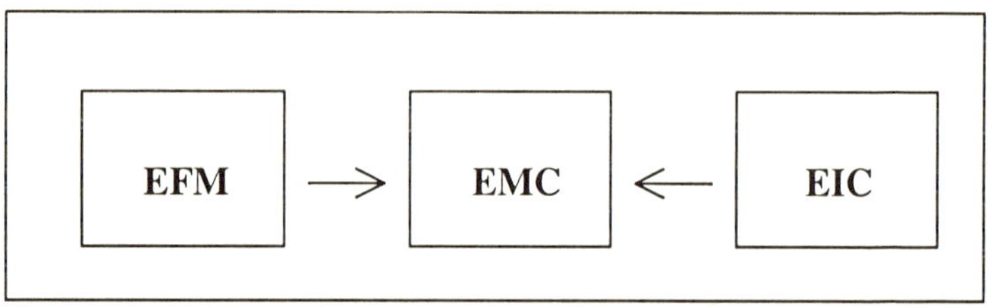

Superpondo os esquemas, temos uma teia de interações em movimento constante, tal como sugere o diagrama abaixo.

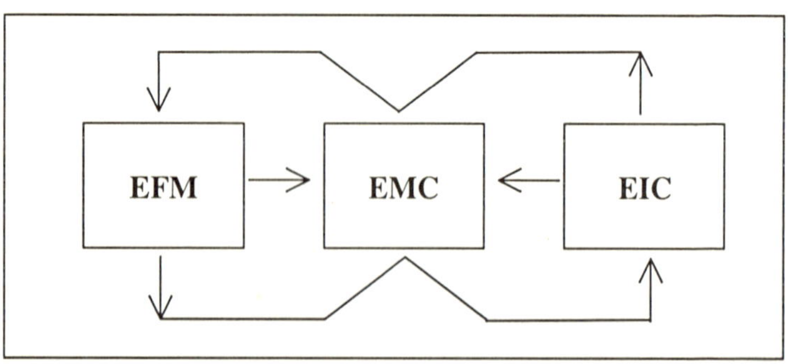

Nas palavras de Popper,

> É a interação entre o mundo 1, o mundo 2 e o mundo 3 que podemos considerar como *formação da realidade*; a interação que consiste de múltiplas reações, dentro da qual trabalhamos com o método do ensaio e do erro. Intervimos, pois, conscientemente, nesta espiral de reações. Nós – a mente humana, os nossos sonhos, as metas que nos impomos. Nós somos o autor da obra, do produto, e simultaneamente somos moldados por ela (...). A formação da realidade é assim uma realização nossa; um processo que não pode ser entendido se não tentarmos compreender todas as suas três faces, esses três mundos; e se não tentarmos compreender a forma e o modo como esses três mundos se interpenetram.[39]

Praticamente todo o substrato de bens que permite ou limita a sobrevivência material dos indivíduos nas diversas sociedades provém de instituições formal ou informalmente estabelecidas. Existe uma relação há muito estabelecida na economia de que, quanto mais desenvolvida é uma sociedade, maior é a intermediação por instituições entre o indivíduo e a produção; em sociedades de estrutura econômica simples (dir-se-á, primitiva ou arcaica), o indivíduo gera a produção em contextos extra-institucionais ou por intermédio de instituições informais.

Os estados físico/materiais, por sua vez, moldam parcialmente o tipo de instituições que mais provavelmente se encontrarão em determinadas situações. Pense-se, por exemplo, na necessidade de se regulamentar a produção de arroz no Japão e na inutilidade de se regulamentar a produção de minério de ferro. No Brasil, por outro lado, o inverso é mais provável. Não se deve, porém, chegar ao limite de estabelecer um determinismo ambiental estrito, principalmente porque o que o homem mais tem feito em sua evolução é alterar ou contornar as restrições naturais do meio em que vive. Dessa forma, pode-se evitar o raciocínio simplista de que os países *têm* vantagens comparativas, quando a hipótese mais verossímil é a

[39] Popper (1988), p. 37.

de que eles constroem vantagens comparativas, em função dos planos de desenvolvimento que adotam.

As interações entre os estados mentais e as instituições do ambiente talvez sejam as relações mais importantes para a explicar o processo de escolha em qualquer estrutura econômica. Para além de um mercado auto-regulável e sem atritos, em que as informações fluem suavemente, podemos nos beneficiar de recentes desenvolvimentos na antropologia e na psicologia para admitir analiticamente que as instituições, em seu funcionamento aquém do ótimo, desempenham o papel essencial de fornecer uma estrutura cognitiva para a interpretação dos fatos observados e em prover hábitos e rotinas intelectuais que permitem transformar informação em conhecimento útil.[40]

Dado que é impossível lidar com toda a quantidade de observações e informações que alcançam nosso cérebro, utilizamo-nos de conceitos e molduras cognitivas para selecionar aspectos dos dados e torná-los inteligíveis. Esses procedimentos de percepção e cognição são variáveis-chave em todos os importantes processos decisórios na economia, de investimentos particulares como de políticas públicas, e são parcialmente determinados pelo tipo de informação que se encontra disponível, aprendida ou adquirida por meio de nossa educação e de nossa realidade circundante.[41]

Para explicar um evento em termos situacionais é preciso, antes de mais nada, descrever a situação do agente no momento em que o comportamento em questão foi ou deve ser adotado. Essa descrição da situação do agente normalmente incluirá tanto componentes subjetivos (propósitos, valores, crenças, desejos e outros sentimentos do agente) quanto componentes objetivos (restrições físicas e sociais que o agente enfrenta).

A elaboração adequada dessa descrição, por sua vez, requer a delimitação precisa do problema que se queira analisar, seja prático, seja teórico. Os problemas historicamente datados são mais comumente problemas práticos que estão na agenda dos formuladores de políticas públicas e dos tomadores de decisão em assuntos

---

[40] Hodgson (1992), p. 131.

[41] Hodgson (1992), p. 131.

particulares. Quase sempre, contudo, esses problemas práticos que emergem no tempo real geram problemas teóricos cuja solução envolve, *por necessidade*, abstrações da realidade concreta.

Na consideração de problemas particulares, nem todos os elementos da situação são relevantes do ponto de vista explicativo. Quer isto dizer que, em geral, apenas alguns tipos de elementos – variáveis em função do problema particular que se esteja considerando – terão peso na determinação da solução do problema e, portanto, precisarão ser delimitados e considerados na análise. Isso é ao mesmo tempo reconfortante e inquietante. Por um lado, não requer de nós a impossível tarefa de explicitar *todos* os elementos que perfazem uma situação real. Por outro lado, permanecemos com a difícil tarefa de triar corretamente as variáveis que têm poder explicativo em relação ao nosso problema.

Essa é uma razão pela qual uma boa teoria costuma ser um bem escasso: é fácil selecionar certas variáveis como determinantes do curso de uma situação e ignorar outras que podem ser igualmente importantes. Mais grave, e mais comum, infelizmente, é desconsiderar o efeito de certas variáveis menos por não perceber sua importância do que por sua relativa intratabilidade teórica ou operacional. Se uma boa parte das críticas à formalização e à matematização da economia não fazem muito sentido, refletindo antes um descontentamento pessoal pelo desenvolvimento teórico de métodos que não se domina, por outro lado é de se considerar seriamente que um dos efeitos colaterais dessa opção metodológica foi justamente ditar como variáveis relevantes para análise as que se submetem facilmente à formalização e à matematização, mais do que as que o problema exige. Para Mayer (1995),

> *the reason for insisting on such a simplistic version of microeconomics is surely not a desire for a theory that is easy to learn. Instead, this insistence is due, in part, to the wish for tractability and simplicity. The perfect markets paradigm readily yields a unique solution, while the solution for the imperfect markets paradigm often depends upon the details of the special assumptions made about information and so on. Furthermore, in game-theoretic models of oligopolistic markets multiple solutions may emerge. The reliance on simple compe-*

> *titive markets is also related to the insistence that all mutually profitable trades are carried out, that there are no $5 bills lying on the pavement. That type of microeconomics has the simplest and most direct links to the cherished postulate of rational, utility-maximizing behavior, and avoids such institutional complexities as unenforceable contracts and transactions cost.*[42]

Partindo da idéia básica de que "não existe nada *exógeno* sob o sol", é mesmo assim verdade que para a maior parte das tarefas analíticas é razoável considerar alguns elementos como exógenos e considerar a interação entre as variáveis selecionadas.[43] O importante é não se deixar seduzir pela tentação de afastar variáveis importantes cujo tratamento técnico não seja tão simples quanto o que estamos acostumados.

Princípio de racionalidade

Para que se possa derivar qualquer inferência sobre a ação individual a partir da descrição da situação do indivíduo, é necessário algum tipo de informação sobre os parâmetros que o indivíduo usa para tomar suas decisões, ou seja, é preciso procurar o *sentido*

---

[42] "a razão de insistir em uma versão tão simplista da microeconomia não é certamente um desejo por uma teoria que seja fácil de aprender. Em vez disso, essa insistência é devido, em parte, ao desejo de tratabilidade e simplicidade. O paradigma dos mercados perfeitos conduz imediatamente a uma solução única, enquanto a solução para o paradigma dos mercados imperfeitos depende, freqüentemente, de detalhes sobre premissas especiais feitas a propósito da informação etc. Além disso, em modelos teóricos de jogos sobre mercados oligopolísticos, múltiplas soluções podem emergir. A confiança em mercados competitivos simples também está relacionada com a insistência de que todas as trocas mutuamente benéficas sejam realizadas e que não haja nenhuma cédula de $ 5 largada na calçada. Esse tipo de microeconomia tem os vínculos mais simples e diretos com o postulado do comportamento racional, maximizador de utilidade, e evita complexidades institucionais, tais como os contratos não-obrigatórios e os custos de transação", Mayer (1995), p. 29.

[43] Ver Bowles (1992), p. 105.

dos comportamentos individuais que estão na origem de um evento social.

A abordagem interacionista estabelece a hipótese de que o comportamento de um ator, em princípio, é sempre *compreensível*, de modo que, na vasta maioria dos problemas econômicos, é razoável tomar como dado que os indivíduos agem da forma que parece mais adequada à situação em que se encontram, tal como a percebem. Popper denomina essa hipótese de "princípio de racionalidade".

Muito se tem discutido na literatura sobre o estatuto epistemológico do princípio de racionalidade. Na verdade, a própria noção de racionalidade é extremamente intrincada para quem quer que tente dar-lhe contornos definidos.[44] Não enveredaremos nesse tipo de discussão, mesmo porque ela demandaria um estudo à parte. Para os nossos propósitos, bastam alguns esclarecimentos.

O princípio de racionalidade se justifica como expediente para evitar teorias que deixem campo demasiado aberto à interpretação irracional dos comportamentos, baseadas em projeções e preconceitos sobre aquilo que não conhecemos. Projeção é a tendência de atribuir a indivíduos que mal conhecemos traços característicos de nós próprios ou de nosso meio, como forma de suprir a falta de informação. Exemplos comuns são as interpretações eurocentristas sobre as sociedades "primitivas" ou "arcaicas". Explicam, por exemplo, as práticas de magia como sendo a manifestação de uma suposta "mentalidade primitiva", quando, na verdade, a magia fornece uma interpretação do mundo que nada tem de irracional, em se tratando de sociedades ou de meios sociais em que o pensamento científico é desconhecido.[45]

Quando observamos um comportamento que parece estranho e estamos pouco familiarizados com o contexto em que este surge, inclinamo-nos a aceitar essa impossibilidade de nos colocarmos no lugar de outrem e a interpretar, de uma forma ou de outra, esse comportamento como *irracional*, isto é, como desprovido de razões – "É preciso ser louco (ou ingênuo, estúpido, atrasado, primitivo, cheio de preconceitos, inconsciente etc.) para fazer tal coi-

[44] Sobre a discussão em torno do conceito de racionalidade, ver Boudon (1995), pp. 41-45.

[45] Boudon (1995), p. 50.

sa".[46] O que o princípio de racionalidade faz é dificultar que tomemos facilmente esses predicados, ou noções mais sofisticadas como "alienação" e "masoquismo", apenas para mascarar nossa incapacidade de compreender à primeira vista uma atitude.

Conforme colocou Weber e, mais tarde, de forma independente, Karl Popper, embora seja tão absurdo afirmar que o *homem* é racional como afirmar que é irracional,[47] ao economista – à semelhança do sociólogo, do cientista político ou do demógrafo – convém considerar o *ator social* como *racional,* no sentido de que ele tem sempre razões válidas para fazer o que faz e que, portanto, devemos tentar por todos os meios descobrir que razões são essas.[48] Para não cair em interpretações projetistas ou preconceituosas, só podemos nos sentir autorizados a propor uma interpretação irracional quando pareça impossível atribuir razões a um dado comportamento.

Isso posto, cabe-nos tecer alguns esclarecimentos pontuais sobre o princípio de racionalidade.

Primeiro, o princípio de racionalidade não deve ser tomado como uma lei ou hipótese de validade espácio-temporal.[49] Trata-se de uma hipótese empírica aplicável a determinadas situações, mas não necessariamente a todas as situações.[50] A análise situacional, por sua vez, não requer o princípio de racionalidade como *covering law,* sendo também compatível com outras hipóteses de comportamento sempre que houver evidência nessa direção.

Ele não preclui, por exemplo, a ocorrência de comportamentos irracionais. Se considerarmos o comportamento racional como

[46] *Idem*, p. 37.

[47] O princípio de racionalidade não significa que se deva considerar o *homem* como racional, uma vez que não é do homem que trata, mas do *ator social.* Dito de outro modo, o postulado da racionalidade é um princípio metodológico e não uma afirmação ontológica. Ver Boudon (1995), p. 41.

[48] Boudon (1995), p. 51.

[49] A concepção do princípio de racionalidade que aqui admitimos difere em certa medida da concepção de Popper, que, segundo Caldwell (1991), nem mesmo está clara. Veja-se a exposição do princípio de racionalidade em Popper (1967a) e Popper (1967b).

[50] Considere-se, por exemplo, situações de extremo desespero ou ira, nas quais dificilmente se pode esperar que as pessoas ajam racionalmente.

sendo aquele em que o ator domina suas ações e decisões, podemos tomar como irracional aquele em que o ator domina seu comportamento de forma imperfeita e como que movido por forças psicológicas que escapam a seu controle.[51] Apenas se ressalta que é metodologicamente sensato desconfiar, em princípio, das teorias que podem facilmente derivar-se de fenômenos de projeção e de preconceitos sobre aquilo que não conhecemos.

Segundo, o princípio de racionalidade nada tem a ver com a hipótese de racionalidade maximizadora que prevalece na economia. As motivações que levam um indivíduo a tomar determinadas decisões podem ser as mais variadas, dentre as quais a motivação maximizadora é apenas uma das possibilidades.

Existe uma gama muito mais rica de tipos de racionalidade do que admite o postulado utilitarista prevalecente na economia, que tenta explicar o comportamento, em sua globalidade, pelo interesse dos atores sociais. Pelo menos dois elementos extremamente importantes para explicar certos comportamentos econômicos estão ausentes da teoria econômica: a norma e o costume. Assim é que podemos identificar um amplo leque de razões para um determinado comportamento econômico: posso afirmar que

> "X tinha razões válidas para fazer Y porque...
> ...Y correspondia aos interesses (ou às preferências) de X;
> ...Y constituía o melhor meio de X atingir o objetivo a que se havia proposto;
> ...Y decorria do princípio normativo Z; X acreditava em Z, e tinha razões válidas para tal;
> ...X sempre tinha feito Y e não tinha qualquer razão para questionar essa prática;
> ...Y decorria da teoria Z; X acreditava em Z e tinha razões válidas para tal, etc."[52]

---

[51] Esta distinção, aliás, não exclui de modo algum que muitos comportamentos sejam resultado de uma combinação de elementos racionais e de elementos irracionais, já que, segundo a fórmula célebre de Hume, "a razão é serva das paixões", Boudon (1995), p. 49.

[52] Boudon (1995), p. 44.

A limitação da hipótese de racionalidade maximizadora não decorre apenas de um déficit de informação. Se fosse este o caso, poderíamos simplesmente dizer, como, aliás, o faz a teoria econômica, que o agente maximiza sua utilidade *condicionado* às informações de que dispõe. Mas não é só isso. A hipótese de maximização é um princípio restritivo para a explicação econômica porque desconhece que o agente econômico não é uma *tabula rasa*, mas um ser dotado de memória que usa toda sorte de *a prioris* (de tipo empírico, normativo etc.) para conferir um sentido à situação em que se encontra, de estabelecer para si mesmo objetivos e de escolher os próprios meios. Um exemplo simples retirado da psicologia cognitiva experimental permite ilustrar nosso ponto:

> um experimentador pede a um indivíduo que faça um prognóstico quanto aos resultados de uma partida de "cara ou coroa", em que – de acordo com sua informação – a chance de dar "cara" é de, não uma vez em duas como nos jogos habituais, mas de quatro em cinco. Objetivamente, a melhor estratégia seria o indivíduo em questão prever que desse "cara" em todas as jogadas. Neste caso, teria com efeito a chance de ganhar quatro vezes em cinco em cada jogada. Todavia, esta estratégia é raramente utilizada e, de um modo geral, opta-se por prever "cara", de forma aleatória, quatro vezes em cinco. Esta estratégia é objetivamente ruim, uma vez que o indivíduo tem, então, em cada jogada, não quatro chances em cinco de ganhar, mas muito menos: exatamente sessenta e oito chances em cem. Ela constitui, porém, subjetivamente uma resposta natural e racional ao desafio – os indivíduos têm efetivamente as razões mais válidas para escolherem uma estratégia de imitação, ou seja, de produzirem uma série regida pelas mesmas regras da série que lhe pedem que adivinhe. Assim sendo, utilizam um *a priori*, representado por um princípio simples, razoável e pertinente em muitas circunstâncias, mas ineficaz neste caso.[53]

Terceiro, o princípio de racionalidade é totalmente distinto da hipótese de expectativas racionais. A hipótese de expectativas racionais presume que a distribuição de probabilidades subjetiva (isto é,

[53] Herbert Simon, *apud* Boudon (1995), p. 47.

a percepção e as expectativas dos agentes) tende a corresponder à distribuição de probabilidades objetiva (isto é, à situação real). Assim, na média, os agentes conseguem interpretar corretamente a sua situação e antecipar os eventos futuros com fidedignidade.

O princípio de racionalidade, por sua vez, nada requer em termos da capacidade cognitiva dos agentes, ou seja, não implica que a percepção que o agente tem de sua situação seja a correta e, portanto, idêntica à situação real. Não preclui, por exemplo, a ocorrência de ilusões de todo tipo, como a ilusão monetária. Uma das tarefas da análise situacional é justamente distinguir entre a situação como o agente a vê da situação real (ambas, é claro, conjecturais).[54]

Mais do que isso, o princípio de racionalidade é totalmente compatível com a concepção de que nem sempre as decisões alcançam os resultados pretendidos e nem sempre as previsões se realizam, mesmo quando baseadas num diagnóstico correto da situação. Isso porque mesmo no melhor dos mundos, em que as pessoas têm informações ótimas e comportamento racional, continua sendo possível a ocorrência de erros (devido às limitações cognitivas dos indivíduos em processarem as informações) e, igualmente, continua sendo possível a emergência de novos elementos que alteram o curso da situação.

Popper refere-se ao princípio de racionalidade como uma espécie de *zero principle*, no sentido de que,

> *having constructed our model, or situation, we assume no more than that the actors act within the terms of the model, or that they "work out" what was* ***implicit*** *in the situation. This, incidentally, is what the term "situational logic" alludes to.*[55]

A análise situacional não é um conceito novo na economia. Na verdade, toda a teoria econômica neoclássica e outras teorias im-

---

[54] Popper (1972), p. 179.

[55] "tendo construído nosso modelo, ou situação, pressupomos apenas que os atores agem nos termos do modelo, ou que eles 'elaboram' o que estava *implícito* na situação. É a isto que o termo 'lógica situacional' se refere", Popper (1967b), p. 359.

portantes têm uma clara feição situacional, mas por razões diversas acabam por aplicar o método de modo restritivo, fazendo-o incidir em um conjunto limitado de problemas. É o que mostraremos no capítulo seguinte.

Economia e análise situacional

Da descrição que fizemos pode-se facilmente perceber que a teoria econômica é uma *variação* da análise situacional, com determinadas características distintivas. A principal é que, na teoria microeconômica neoclássica, os elementos da situação, incluindo as características subjetivas do indivíduo, são desenhados de tal forma restritiva como a redundar em uma situação muito particular, em que o agente tem como saída única um comportamento que corresponde ao da racionalidade maximizadora.

Análise situacional na economia

Consideremos isso mais de perto. Conforme coloca Hands, a teoria econômica especifica a situação do agente (indivíduo ou empresa) geralmente em termos de preferências ou tecnologia e de restrições de preços, renda, fatores etc. Incluída na descrição da situação está alguma motivação (maximização de utilidade, maximização de lucro etc.). O segundo passo é deduzir o comportamento apropriado do agente, dada a situação especificada (comprar mais, comprar menos, aumentar a produção, baixar os preços etc.). Esse segundo passo é o que constitui a maior parte da *teoria* econômica, a dedução formal (geralmente matemática) do comportamento apropriado em uma particular situação. Finalmente, se a tarefa do economista é explicar a ação observada, uma versão do princípio de racionalidade é acionada para conectar a análise da situação com a ação a ser explicada. Se a tarefa é "teoria pura", então esse último passo é negligenciado e o resultado teórico é deduzir tecnicamente o passo II da situação hipotética descrita no passo I.[1]

Os resultados comumente obtidos de estática comparativa resultam simplesmente da aplicação dos passos I e II duas vezes, com uma pequena mudança em um dos elementos da primeira situação entre uma dedução e outra.

Observe-se que esse esquema explicativo realmente captura toda a teoria econômica convencional (e não apenas as versões dos livros-texto). Por exemplo, o grande debate sobre se as empresas maximizam lucros ou elegem objetivos de satisfação, ou aplicam *mark-up* em custos primários, não é debate que altere o esquema citado como método básico de explicação. É antes um debate sobre o que constitui uma especificação empiricamente interessante da situação com que o agente ou a empresa se depara.[2]

Elementos de análise situacional são também encontrados em outras teorias econômicas. A abordagem marxista, por exemplo, possui uma clara feição situacional, em que a ênfase na explicação do comportamento dos agentes é colocada predominantemente nas circunstâncias objetivas do ambiente, em vez de repousar nos componentes subjetivos. Considere-se, por exemplo, a questão de por que os capitalistas do século XIX empregavam mulheres e crianças e impunham-lhes trabalhar longas horas:

> *the situation of the individual capitalist was that they needed to make their rate of profit as high as possible or they would be pushed out of business and thus become proletariat themselves. The rate of profit is given by $\pi = S/(C+V)$, where S is surplus value, the amount of labor time obtained by the capitalist in excess of V, the amount of labor time necessary to reproduce the workers. Now given C, π can be increased by increasing S or by decreasing V. Working laborers longer hours will increase S, and hiring women and children (since V is based on reproducing the household which sustains the worker) will reduce V. Therefore, since agents always act "appropriately" to their situation, ca-*

[1] Hands (1992), p. 28.

[2] *Idem.*

> *pitalists hired women and children and worked them long hours.*[3]

A vertente institucionalista (ou o "novo institucionalismo") da economia também adota a estratégia metodológica de analisar o comportamento dos agentes mediante referência aos marcos institucionais que balizam suas ações.

Isso posto, deve-se esclarecer de antemão que o que é rígido sobre a ciência econômica não é que ela requer aderência a esse esquema, mas antes que o método de análise situacional em geral é atado a um conjunto de elementos restrito e utilizado dentro de uma perspectiva exclusivista. Assim, *somente algumas variáveis* são admitidas na descrição da situação do agente. Conforme coloca Hands:

> *What is rigid about traditional textbook microeconomics is not that it requires adherence to the above scheme, but rather that only certain things are permitted in the description of the agent's situation. For instance, the conventions of the profession traditionally allow only preferences and technology as the private parts of the agent's situation, and only prices as the acceptable objective (public) constraints.*[4]

---

[3] "A situação de um capitalista individualmente era a de que ele tinha que tornar sua taxa de lucro tão elevada quanto possível ou, caso contrário, seria empurrado para fora dos negócios e tornar-se-ia ele próprio parte do proletariado. A taxa de lucro é definida como $\pi = S/(C+V)$, onde S é a mais-valia, o tempo de trabalho obtido pelo capitalista que excede V, sendo V o tempo de trabalho necessário para a reprodução dos trabalhadores. Agora, dado o capital constante, π pode ser aumentado pelo acréscimo de S ou pelo decréscimo de V. Enquanto a extensão das horas de trabalho contribui para o acréscimo de S, o emprego de mulheres e de crianças reduz V, na medida em que V está baseado na reprodução da família que sustenta o trabalhador. Portanto, uma vez que os agentes agem apropriadamente a sua situação, os capitalistas empregarão mulheres e crianças e impor-lhes-ão longas horas de trabalho", Hands (1992), p. 41.

[4] "O que é rígido sobre os manuais de microeconomia tradicionais não é que eles requerem aderência ao esquema acima, mas sim que somente algumas coisas são permitidas na descrição da situação do agente. Por exemplo, as convenções da profissão tradicionalmente só permitem preferências e tecnologia como partes

Da mesma forma que, no emprego da análise situacional, a teoria econômica convencional peca por "trancar" o indivíduo em uma racionalidade subjetiva excessivamente estreita, a análise marxista peca pela ênfase excessiva na influência das condições econômicas sobre as decisões individuais. A rigor, porém, a análise situacional não requer nem um nem outro viés. O grande ausente nas explicações econômicas é a análise da *interação* entre a pluralidade de elementos objetivos e subjetivos que formam uma situação, sendo, em cada situação, alguns elementos mais relevantes do que outros, mas nunca, por necessidade, alguns *sempre* mais relevantes do que outros.

O núcleo teórico prevalecente

Em seu sentido mais amplo, a ciência econômica compreende hoje abordagens tão distintas quanto a teoria dos jogos e a antropologia econômica, para a análise do mesmo objeto – os comportamentos de escolha, por exemplo. Apesar dessa diversidade, aquilo que recebe o rótulo de "economia", para todos os fins externos aos estritamente acadêmicos, e mesmo para estes, é uma estrutura monolítica, muito bem delimitada, de teorias axiomatizadas. É essa economia, mais do que as "outras economias", que reina soberana entre as ciências sociais.

Que estrutura é essa?

O corpo de teorias econômicas axiomatizadas está montado sobre dois princípios básicos:[5]

o princípio de otimização, segundo o qual as pessoas tentam escolher o melhor padrão de consumo que podem adquirir;

o princípio de equilíbrio, segundo o qual os preços se ajustam até que a demanda iguale a oferta.

A escolha se processa entre listas completas de bens e serviços, que são caracterizados não apenas por seus atributos intrínsecos, como também pelas circunstâncias de tempo, lugar e estado

---

privadas da situação do agente e somente preços como restrições públicas objetivas". Hands (1992), p. 29.

[5] Varian (1993), p. 3.

em que estão disponíveis. Dessa forma, a teoria torna-se capaz de analisar escolhas intertemporais do mesmo bem e de reconhecer influências do ambiente no processo de avaliação subjetiva por parte do agente econômico.

Ao agente, por sua vez, é dado conhecer os detalhes dos atributos e as circunstâncias que caracterizam os objetos da escolha, mesmo quando o resultado dessa escolha, em termos de utilidade, não esteja determinado *a priori*, mas sujeito a variações estocásticas (o que é explicado pelo conceito de utilidade esperada). Assim é que tanto nos modelos econômicos sob condições de certeza, quanto nos modelos de incerteza e risco, é constante a premissa de que o indivíduo sabe exatamente quais são as alternativas em jogo.

Além de reconhecer as alternativas disponíveis, o agente também é capaz, por suposto, de elencá-las em uma ordem de preferências. Ele é capaz de determinar que uma em cada par de cestas de consumo é estritamente melhor do que a outra, ou simplesmente que ambas lhe são indiferentes. Assim, dadas duas cestas x e y, ele saberá sempre dizer se:

- x é estritamente preferível a y;
- y é estritamente preferível a x;
- x é indiferente a y.

Essa hipótese é condição necessária para a existência de uma solução determinada no problema do consumidor.

Ainda, é presumido que as preferências do consumidor, com base nas quais ele elenca as alternativas de escolha, tenham as seguintes propriedades:

- sejam completas, no sentido de que quaisquer duas cestas podem ser comparadas;
- sejam reflexivas, o que quer dizer simplesmente que uma cesta é indiferente a si mesma;
- sejam transitivas, de forma que, se o agente pensa que a cesta x é pelo menos tão boa quanto a cesta y e que a cesta y é pelo menos tão boa quanto a cesta z, então ele pensa que a cesta x é pelo menos tão boa quanto a cesta z.

A propriedade de transitividade das preferências, em particular, é fundamental para assegurar que as pessoas sejam capazes de fazer *a melhor* escolha, ou seja, que elas maximizem a sua utilidade. Em um esquema teórico mais "permissivo", em que do consumidor não seja exigido um comportamento de otimização, mas apenas, por exemplo, de satisfação, a hipótese de transitividade pode ser flexibilizada. Na realidade, existem estudos empíricos que revelam que as hipóteses de preferências intransitivas/comportamento de satisfação tornam-se mais verossímeis do que as hipóteses de preferências transitivas/comportamento de maximização à medida que as alternativas em jogo tornam-se menos triviais.[6] Essa questão está relacionada com a capacidade cognitiva do consumidor, que limita o grau de racionalidade econômica praticável em situações reais. A teoria econômica, entretanto, elege o segundo par de hipóteses como regra geral.

Se o consumidor tem preferências completas, reflexivas e transitivas sobre o consumo em diferentes circunstâncias, então existe uma função de utilidade para descrever essas preferências. Sob condições de certeza, a função de utilidade simplesmente relaciona graus de utilidade auferidos do consumo de diferentes cestas. Combinações de cestas que proporcionam o mesmo nível de utilidade são representadas pelo expediente conhecido como curva de indiferença.

Mas a incerteza é um fato da vida, como coloca Varian.[7] Sob condições de incerteza, o agente faz suas escolhas com base em uma distribuição de probabilidades sobre diferentes cestas de consumo.

Uma distribuição de probabilidades consiste em uma lista de diferentes eventos (*e.g.*, graus de utilidade) e da probabilidade associada a cada evento. Essas probabilidades tanto podem ser objetivas, estimadas, por exemplo, pelas instituições financeiras de seguro ou de mercado de ações, quanto subjetivas, baseadas nas expectativas do próprio agente.

---

[6] Ver Bicchieri (1992), p. 156.

[7] Varian (1993), p. 212.

Sob condições de incerteza, a função de utilidade dependerá não apenas das preferências dos indivíduos, mas também das probabilidades associadas a cada escolha. Uma forma particularmente conveniente de expressar a função de utilidade sob incerteza foi proposta por John von Neumann e Oscar Morgerstern como sendo a soma ponderada de funções de consumo em cada estado, em que os pesos são dados pelas probabilidades.[8]

No processo de escolha, o agente parte de condições iniciais dadas: conhecimento das alternativas, preferências (com as características que descrevemos) e uma dotação inicial de riqueza. De onde vem a dotação? Na economia de mercado, a dotação vem da remuneração que o agente aufere enquanto fator de produção, como proprietário da força trabalho, do capital, de recursos naturais, enfim, de qualquer coisa que lhe seja possível agregar à produção. Hipótese importante da teoria é que os fatores de produção são remunerados de acordo com sua produtividade marginal.

Presumindo-se que haja ganhos potenciais a serem derivados pelo intercâmbio de bens entre dois dados indivíduos, a troca é definida pela relação de intercâmbio entre os bens que cada um possui em sua dotação inicial. O mecanismo da troca, por sua vez, é representado mediante um expediente conhecido como "caixa de Edgeworth-Bowley" e pela "curva de contrato".

Dadas as curvas de indiferença para dois agentes quaisquer, a troca entre eles ocorrerá de modo que pelo menos um deles alcance uma curva de indiferença mais elevada, sem piorar a situação do parceiro da troca. Essa é uma idéia fundamental, conhecida como "critério de eficiência de Pareto". Na abordagem em termos de curvas de indiferença, esse critério é satisfeito nos pontos de tangência entre as curvas de indiferença dos dois indivíduos. O *locus* desses pontos é a curva de contrato.

Onde, na curva de contrato, a troca realmente ocorrerá? A teoria não é capaz de determinar uma *única* posição de troca eficiente. Todo um espectro de alternativas igualmente viáveis existe ao longo da curva de contrato. A alocação particular que resulta da troca depende do poder de barganha de ambos os agentes, sendo

[8] Varian (1993), p. 219.

este um dos limites da teoria, além do qual ela não consegue ir sem que novas premissas se agreguem.

Portanto, na análise econômica convencional da troca, é trivial mostrar que, se se permite a realização de trocas que aprimorem a situação dos indivíduos em termos do critério de Pareto, o ponto em que nessa curva de contrato a troca se estabelecerá não é completamente determinado pelas preferências dos agentes (por completas, reflexivas e transitivas que sejam) e pelas suas dotações iniciais de riqueza. A configuração de preços e quantidades reais de equilíbrio que eventualmente se atingirá será determinada também pelos detalhes da seqüência de transações de não-equilíbrio intervenientes.[9]

De forma a evitar perseguir esse problema, a teoria econômica soluciona a indeterminação assumindo que os indivíduos são tomadores de preço, ou seja, a taxa de intercâmbio entre os bens já terá sido determinada em alguma outra circunstância.[10] Com preços determinados exogenamente, pode-se especificar um particular ponto na curva de contrato no qual os indivíduos realizarão a troca, determinando-se simultaneamente a divisão dos ganhos obtidos.

Permanece, no entanto, o fato de que a hipótese de exogeneidade dos preços apenas especifica um dos possíveis pontos Paretos-eficientes ao longo da curva. A hipótese também não leva em conta considerações de eqüidade que podem determinar pontos de equilíbrio distintos.[11]

Quando há um grande número de agentes no mercado, de tal forma que o poder de barganha de qualquer indivíduo isoladamente é baixo, cada agente é algo muito próximo de um "tomador de preço". Mas, mesmo nessas circunstâncias, a teoria somente explicita as *propriedades* estatísticas da *posição* de equilíbrio, ou seja, a situação na qual os planos dos indivíduos não são frustrados; não explicita o *processo* pelo qual os preços e as quantidades trocadas são definidos e ajustados no mercado real.[12]

---

[9] David (1993), p. 37.

[10] Creedley (1984), p. 56.

[11] *Idem*, p. 60.

[12] *Idem*, p. 61.

A estrutura teórica básica que descrevemos pode ser aplicada a problemas em diferentes níveis de agregação, relativos a indivíduos, grupos de indivíduos, um único tipo de bem, grupos de bens, produção de uma firma, de todas as firmas especializadas em um único tipo de bem, etc. Esses problemas são analisados sob duas abordagens principais: a análise parcial e a análise de equilíbrio.

A análise parcial veda a possibilidade de que alterações que ocorrem no restante da economia afetem significativamente as condições na situação específica sob análise; portanto, somente um grau limitado de interdependência é permitido. A análise de equilíbrio geral, por outro lado, lida explicitamente com as interdependências, reconhecendo que mudanças em outras partes da economia possam exercer influência sobre uma situação particular.[13] Em nome do rigor lógico da teoria, entretanto, as interdependências são analisadas sob as mesmas hipóteses que descrevemos, apenas se admitindo novos valores para variáveis da análise.

O procedimento de análise adotado na teoria econômica possui pelo menos duas características marcantes. Primeiro, o agente econômico é inserido em uma circunstância bem precisa do ambiente, na qual estão definidas suas alternativas de escolha, sua dotação inicial de riqueza, informações sobre os resultados certos ou prováveis de cada alternativa e, por suposto, mais do que por hipótese, uma instituição que viabiliza as relações entre o agente e os bens (a escolha) ou entre os próprios agentes no processo de troca. Segundo, ao agente econômico é atribuído *a priori*, como propriedade pessoal, a capacidade de compreensão plena da circunstância em que se encontra, dotando-lhe de racionalidade absoluta.

Dadas essas condições iniciais, vários resultados podem ser obtidos. Um dos mais interessantes é o Teorema da Impossibilidade de Arrow. Segundo esse teorema, dado qualquer conjunto de preferências individuais completas, reflexivas e transitivas, um mecanismo de decisão social que satisfaça propriedades estabelecidas pela teoria econômica, quais sejam,

---

[13] Creedley (1984), p. 7.

- que reflita preferências sociais também completas, reflexivas e transitivas;
- que elenque *x* acima de *y* sempre que todos preferirem *x* a *y;*
- que considere apenas a forma como as pessoas elencam *x* e *y*, independentemente de como elencam outras alternativas,

esse mecanismo social de decisão será necessariamente uma ditadura, refletindo as preferências de um único indivíduo. De funções de utilidade individuais é impossível gerar funções de utilidade social![14]

Limitações do núcleo teórico prevalecente

Por importantes que sejam esses resultados e por muitos outros que se sigam, é ainda verdade que a fronteira de possibilidades de produção na economia está circunscrita pelos resultados teóricos que o núcleo básico de hipóteses anteriormente descrito permite derivar. Não são poucos, por certo, mas são resultados que deixam uma gama muito grande de informações disponíveis do lado de fora da análise e, principalmente, são resultados que deixam sem resposta um conjunto igualmente extenso de problemas importantes. Senão vejamos.

Um dos princípios de fundo da teoria econômica que precisa ser superado é a idéia de que os elementos da estrutura econômica têm propriedades e lugares "naturais". Assim é que ao consumidor é imposta uma função de utilidade e um objetivo maximizador, que lhes são inerentes como consumidor; à firma uma função de lucro e um objetivo de maximização intrínsecos, como condição neces-

---

[14] Bianchi (1989, p. 215) coloca que "desde seus primórdios a ciência econômica identifica-se com individualismo e mostra-se propensa a encarar o coletivo como um todo constituído pela soma das partes. Esse *parti pris* converte-se numa falácia de composição *sempre que* existem indicações de que a unidade de análise de um fenômeno qualquer não pode ser o indivíduo. Um exemplo claro relaciona-se à questão de definir metas de bem-estar para a sociedade a partir das preferências individuais. Nesse momento, o instrumental microeconômico revela-se insuficiente, senão inadequado". (Grifamos.)

sária à sobrevivência no mercado; à nação vantagens comparativas que determinam sua inserção no mercado internacional.

O foco em propriedades predeterminadas dos agentes e do ambiente permitiu à economia utilizar maciçamente técnicas de análise estática para a derivação das ulteriores propriedades de equilíbrio a partir dessas premissas iniciais. As propriedades naturais dos pontos de equilíbrio foram exploradas, mas os processos que levam de um equilíbrio ao outro ficaram incógnitos nos momentos em que o conhecimento desses processos foi mais necessário: nos momentos de inflação, de desemprego, de recessão, de protecionismo internacional, etc.

O grande problema econômico, por excelência – o "subdesenvolvimento", rótulo para o problema da sobrevivência material de bilhões de pessoas no mundo de hoje – é também um problema de processo: o que fazer para sair do ponto *s* e chegar ao ponto *d*? No contexto da globalização, o que a teoria econômica prega é que cada país deve promover seu desenvolvimento explorando as vantagens comparativas *que tem*. Se o Brasil tem muita mão-de-obra não-qualificada, então que se especialize em manufaturas intensivas em mão-de-obra. Se Taiwan tem muita mão-de-obra qualificada, que se especialize em manufaturas intensivas em informação. Afinal, é só um problema de alocação entre *potato-chips* e *computer-chips*. O que há de errado nessa análise?

Do ponto de vista analítico, ela desconhece o princípio fundamental de que, mais do que *ter* vantagens comparativas, os países *constroem* sua vantagem comparativa. Como? A economia não reconhece essa questão como sua e, no atual estado das artes, tem muito pouco a dizer... Do ponto de vista normativo, a análise convencional tende a perpetuar o *status quo ante* e cristalizar a posição relativa entre perdedores e vencedores.

O que colocamos vale também para as teorias tradicionais do consumidor e da firma, no nível básico da teoria econômica. A ênfase em "propriedades naturais" dos agentes e dos ambientes (uma função de utilidade, um objetivo maximizador, preferências convexas, etc.) desconsidera o princípio básico de que o indivíduo age não no espaço absoluto, mas em realidades concretas, que pedem comportamentos distintos compatíveis com as características específicas do ambiente. A racionalidade humana é plástica: mais do que *ter* uma racionalidade econômica, os indivíduos *se investem* da racionalidade que a situação demanda.

Uma das principais características do ambiente econômico, tal como o conhecemos, está no fato de que os indivíduos, na qualidade de consumidor, de produtor ou de agente público regulador das trocas, é um *solucionador de problemas* que, no mais das vezes, age em circunstâncias de limitada informação disponível, de limitada capacidade de processamento das informações e de limitada habilidade para entender situações novas ou complexas. A maior parte do tempo de um processo de decisão econômica consiste no *reconhecimento* das alternativas em jogo e na *estimação* das conseqüências de cada decisão.

O objetivo da teoria da escolha econômica racional é mostrar que as escolhas observadas podem ser racionalizadas pela teoria da otimização. No entanto, resultados experimentais obtidos por psicólogos e economistas experimentais apresentam evidências fortes de que a otimização é freqüentemente um modelo pobre de como as pessoas fazem suas escolhas. Além da ocorrência de *intransitividades*, há muitas ocasiões em que a simples noção de "racionalidade" falha, quando, por exemplo, *não há um conjunto completo de preferências ordenadas.*[15]

A análise das trocas em termos de curva de contrato e eficiência de Pareto largamente abstrai de elementos-chaves do processo de decisão, como os custos de transação e a falta de informação completa. Na prática, os custos de transação não apenas não são negligíveis, como também acabam por determinar que a decisão ocorra em pontos de satisfação, mais do que em pontos de otimização. Isso ocorre porque uma decisão ótima poderia requerer muito mais tempo, energia e recursos para negociação do que o problema requer e os agentes dispõem, de modo que os indivíduos mais provavelmente se contentarão com posições de troca que estejam fora da curva de contrato.[16]

---

[15] Bicchieri (1992), p. 156.

[16] Creedley (1984), p. 55.

Os indivíduos não têm inicialmente toda a informação de que precisam e a incapacidade prática de se engajarem em negócios de livre e rápido recontrato[17] significa que a aquisição de informação pode se tornar demasiadamente cara. A importância dos custos de transação e da falta de informação completa tem implicações cruciais no controle das variáveis monetárias, na organização interna das empresas e no funcionamento de virtualmente todas as instituições. A ausência e os altos custos da informação significam que as organizações desenvolvem regras empíricas gerais, mais do que procuram o que seria o método eficiente para cada circunstância.[18] Pode não haver, por exemplo, uma forma eficaz pela qual os indivíduos comuniquem às empresas sobre seus planos de gastos (na qualidade de consumidores) ou sobre suas habilidades e qualificações (enquanto mão-de-obra ofertada), de modo que os resultados das decisões, na prática, dificilmente correspondem a ótimos.

Se a hipótese de maximização dos lucros tem sua validade espácio-temporal questionada por evidências empíricas, resta-lhe, por outro lado, a defesa calcada no argumento de que os empresários agem *as if* maximizassem lucro, pois, argumenta-se, o processo de competição assegura que somente as firmas que consigam na prática lucros máximos conseguem sobreviver.[19] Em um ambiente econômico de firmas idênticas partindo das mesmas circunstâncias e enfrentando as mesmas alternativas, a tese da maximização é trivialmente verdadeira. No entanto, não se pode desconsiderar que o ambiente econômico mais provavelmente envolverá firmas em diferentes estágios do ciclo de vida, com capacidades gerenciais distintas, tecnologias diferentes e, principalmente, com inter-relações políticas e sociais que muito determinam de seu desempenho, mas pouco têm a ver com a racionalidade e a eficiência de mercado. A situação em que os agentes econômicos transitam envolve mais elementos do que o economicismo estrito consegue apreender.

---

[17] Recontratos são barganhas provisórias que podem ser quebradas sem penalização se um contrato mais vantajoso for subseqüentemente encontrado (*idem*, p. 56).

[18] Creedley (1984), p. 56.

[19] Friedman (1967), p. 26.

Teorias alternativas da motivação são geralmente baseadas no modo de funcionamento de grandes corporações, cujas operações do dia-a-dia são controladas por gerentes mais do que por proprietários. Existe uma separação entre propriedade e controle que permite aos gerentes alguma margem de manobra para perseguirem seus próprios objetivos, os quais podem ou não coincidir com os da empresa como instituição. Gerentes assalariados, diferentemente dos acionistas, podem ter pouco a ganhar pessoalmente com o crescimento dos lucros. É possível que seus salários estejam relacionados mais de perto com as vendas e, ainda que não haja necessariamente um conflito entre maximizar vendas e maximizar lucros, esses dois objetivos nem sempre são compatíveis. Um dos problemas das grandes organizações é justamente forjar mecanismos para correlacionar os interesses dos seus funcionários aos interesses da instituição.[20]

Uma outra limitação da teoria para abraçar problemas da realidade comum diz respeito à aplicação do critério de produtividade marginal na determinação das remunerações. Primeiro, existe um considerável grau de heterogeneidade entre as habilidades e as qualificações de diferentes indivíduos que desempenham a mesma tarefa; regra geral, não há correspondência entre o salário e a produtividade de nenhum *indivíduo* em particular. O máximo que se consegue estabelecer são correlações entre aumentos de produtividade e aumentos de remuneração para *classes* de fatores. Mais uma vez, é o custo da informação que, na prática, inviabiliza aferições individuais de produtividade em organizações de médio e de grande porte e leva a padrões de remuneração distintos da produtividade marginal. Segundo, a teoria não é facilmente aplicável a um número grande de atividades econômicas, como as do setor de serviços (incluindo o setor público), e a um número de situações técnicas, como é o caso da produção com isoquantas retangulares, em que só há uma única tecnologia e a produtividade marginal de cada fator é zero, para um nível de remuneração positivo.[21]

[20] Creedley (1984), p. 259.
[21] Creedley (1984), p. 260.

A teoria da produtividade marginal é útil como explicação da dispersão das remunerações *entre* ocupações e das mudanças nos diferenciais de salário ao longo do tempo. Explica, por exemplo, o estreitamento do hiato, no longo prazo, entre as remunerações dos *white-collar workers* e dos trabalhadores manuais. Mas um papel mais amplo, por exemplo, em explicar a estabilidade da estrutura de salários, tem que ser atribuído a outros elementos, entre os quais a força do costume. A escolha entre ocupações pode ser afetada também por divisões de classe na sociedade. O *status* pode desempenhar sua parte na determinação das remunerações, ainda que nos estritos limites do jogo de oferta e de demanda de emprego.[22]

A teoria da produtividade marginal é pobre ao explicar tanto a dispersão das remunerações *dentro* das ocupações quanto a forma inclinada da distribuição. Em relação a esses problemas, vários fatores têm que ser considerados.

Primeiro, há as imperfeições de mercado, como limitação nas informações e na mobilidade dos fatores. Segundo, há diferenças nas habilidades de diferentes indivíduos para desempenharem bem uma determinada ocupação, em função de sua educação e origem social e cultural. Também devem ser consideradas as forças do *status* e do costume que, em organizações hierarquizadas, asseguram ao *staff* de supervisão e de longo tempo de trabalho uma remuneração maior do que a dos demais. A distribuição de renda, ao fim e ao cabo, resulta da concorrência sistemática de muitas forças.[23]

Quase meio século atrás, G. L. S. Shackle fez a seguinte observação sobre a teoria econômica: diz-se que os preços de todos os bens poderiam ser decididos se conhecêssemos com suficiente detalhe para cada pessoa no mercado as respostas às questões "O que ele prefere?" e "O que ele possui?". Mas, pondera Shackle, não ocorreu à maioria daqueles que construíram a belíssima estrutura da teoria econômica colocar um terceiro tipo de questão: "O que ele conhece?" ou "Em quê ele acredita?".[24]

---

[22] *Idem.*

[23] Creedley (1984), p. 260.

[24] *Apud* Lamberton (1992), p. 114.

Mesmo que não tenha formulado a questão explicitamente, a teoria econômica não apenas concebeu uma resposta, como também fez extenso uso dela, por meio da teoria das expectativas racionais, segundo a qual as expectativas dos agentes econômicos tende a se distribuir conforme a predição da teoria; portanto, na média, as expectativas subjetivas são iguais aos valores reais das variáveis previstas.[25] Em que circunstâncias podemos aceitar a hipótese como uma boa aproximação da realidade? O próprio Robert Lucas dá o limite:

> *In situations of risk, the hypothesis of rational behavior on the part of agents will have usable content so that behavior may be explainable in terms of economic theory. In such situations, expectations are rational in Muth's sense. In cases of uncertainty economic reasoning will be of no value.*[26]

A distinção entre risco e incerteza pode ser datada dos trabalhos de Keynes, que cuidadosamente distinguiu um do outro.[27] Para Keynes, o risco se dá em situações recorrentes em que a aleatoriedade pode ser objetivamente quantificada. São esses os tipos de situação de que a teoria econômica trata, relevantes para o mercado de ações e as companhias de seguro. No entanto, sob os aspectos mais relevantes da realidade econômica não são as situações de risco quantificáveis e previsíveis que importam, mas as situações de incerteza real pela complexidade ou pela novidade da situação. São, na definição de Keynes, as situações nas quais a aleatoriedade não pode ser mensurada.[28]

---

[25] Bicchieri (1987), p. 507.

[26] "Em situações de risco, a hipótese de comportamento racional por parte dos agentes será útil, de modo que o comportamento poderá ser explicado em termos da teoria econômica. Em tais situações, as expectativas são racionais no sentido de Muth. Em casos de incerteza, o raciocínio econômico não será de qualquer valia". *Apud* Bicchieri (1987), p. 508.

[27] Bicchieri (1987), p. 508.

[28] Para uma boa explicação sobre a diferença entre incerteza e risco e a forma como ambos têm sido considerados na economia, ver McCann (1994), cap. III, especialmente pp. 71-74.

Hayek anteviu com clareza um dos principais problemas com que nos deparamos presentemente: nossa dificuldade de lidar com o não-quantificável e, mais do que isso, nosso profundo viés em tratar como importante na explicação apenas as variáveis que podem receber representação numérica. Conseqüência desse viés tem sido limitarmos drasticamente os fatos que são admitidos como possíveis causas dos eventos no mundo real.[29]

O que nos parece bastante claro, a essa altura, é que existe um espaço para novos desenvolvimentos teóricos na economia e, principalmente, existe uma demanda real por análises mais flexíveis do que as que a economia tem apresentado aos *policy-makers,* empresários e agentes econômicos em geral. Conforme coloca Cotta:

> [Do esforço de extensão contínua do domínio da ciência econômica], que se mantém indiscutivelmente desordenado, emana, contudo, o sentimento de que os economistas tentam, hoje, reconstruir uma visão muito mais completa das sociedades humanas (...). É indiscutível que os anos que acabamos de viver foram bem mais consagrados ao aumento do domínio do que à reflexão e, portanto, à criação de métodos e conceitos.[30]

Prosseguiremos nosso estudo na tentativa de arregimentar algumas novas idéias para a flexibilização e para a expansão da fronteira posta, sem que precisemos abrir mão das conquistas teóricas já alcançadas. Abordaremos, para tanto, os conceitos de evolução histórica, causalidade e emergência, que constituem elementos heurísticos importantes da análise social.

---

[29] Hayek (1985), p. 267.

[30] Cotta (1983), pp. 99-100.

Evolução histórica, causalidade e emergência

A teoria econômica tem concentrado esforços maciços na análise de situações específicas que temos descrito. Consideramos, a seguir, alguns aspectos que devem ser incorporados ao rol de insumos da teoria econômica.

Evolução histórica

Consideremos o seguinte quadro da estrutura lógica do mundo, sugerido por Wright.[1] Suponhamos que qualquer estado total da realidade possa ser descrito completamente observando-se, para todos os membros de um conjunto de estados de coisas *p*, *q*, ..., se esse estado é obtido, ou não, nessa particular ocasião. Se o conjunto é *finito* e tem *n* membros logicamente independentes, o número de possíveis estados da realidade é 2^n e o número de possíveis sucessões dos estados em *m* ocasiões será 2^{mn}. Chamemos tal sucessão uma possível *história* da realidade, de duração *m*.

Se a realidade em um dado momento de sua história encontra-se em determinado estado, até onde a lógica se aplica o próximo estado poderá ser qualquer um dos 2^n logicamente possíveis diferentes estados. Portanto, um primeiro ponto a ressaltar é que mesmo se partirmos de "sistemas fechados", ou seja, de estruturas com um número finito de variáveis e relações, temos uma elevada probabilidade de gerarmos um ambiente de evolução complexa e não facilmente predizível.

---

[1] Wright (1973), pp. 296-297. Toda a argumentação desta seção está baseada em Wright (1973).

Mas, conforme ressalta Hayek,[2] é algo inapropriado pensar a realidade em termos de estruturas "fechadas" ou "abertas". Na verdade não há, estritamente falando, nenhum sistema fechado no universo, particularmente no ambiente social.[3] Variáveis e relações incontáveis são a regra, trazendo sempre uma ampla liberdade lógica de evolução para qualquer dada situação.

Mas essa liberdade lógica de evolução pode, por razões não-lógicas, ser restringida. Podemos denominar essas restrições não-lógicas de "causais". Portanto, o número de histórias "causalmente" possíveis de extensão *m*, a partir de um dado estado inicial, deve ser menor do que o número 2^{mn} de histórias logicamente possíveis. Podemos representar essas possibilidades de evolução em uma figura topológica, denominada "árvore":

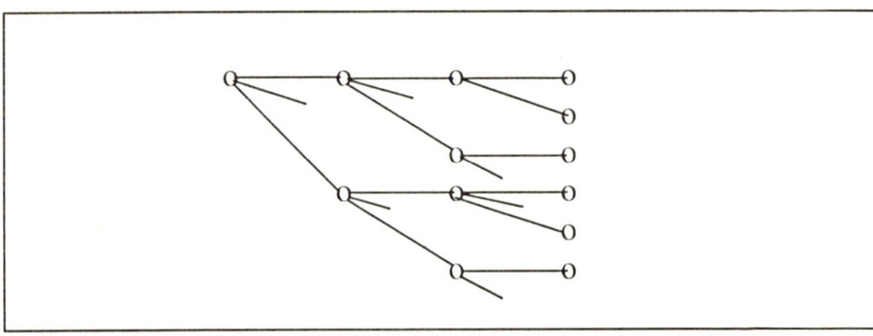

Fonte: Wright (1973).

Nessa figura, os círculos representam estados totais da situação. O círculo da extrema esquerda é o estado na primeira ocasião. A progressão de círculos da esquerda para a direita apresenta a possível história da situação. As bifurcações subseqüentes a cada círculo indicam as várias alternativas de desenvolvimento que estão imediatamente abertas à situação em causa.

Olhando para o futuro a partir de qualquer dado círculo da figura, sabemos que há muitas histórias possíveis para a frente, mas que *apenas uma* ocorrerá. O desafio é descobrir qual.

---

[2] Hayek (1967), p. 27.

[3] Para fins de análise, restringimos a amplitude da situação indagando se, em uma particular instância, certos pontos de contato podem ser negligenciados e isolados sem perda significativa de informação.

Consideremos que, com base em razões não-lógicas, sabemos que há k evoluções prováveis após um determinado círculo. A fração $(k\text{-}1)/(2^n\ \text{-}1)$ pode ser tomada como medida do grau de liberdade (ou de determinismo) que a situação admite, em relação a seu desenvolvimento imediato.

Se k=1 e a fração é zero, essa liberdade é nenhuma: a evolução completa do estado presente para o estado futuro já está determinada. Esse é o esquema típico da teoria econômica do equilíbrio, em que situações de certeza ou de risco calculável são admitidas, mas não situações de incerteza ou novidade real.

Se k é igual ao valor máximo 2^n e a fração recebe valor 1, isso significa que o curso da situação nesse momento está completamente indeterminado. A indeterminação absoluta é algo que dificilmente podemos relacionar com as situações reais. Ela equivale à anarquia e à total entropia que tudo destrói.[4] Se a realidade social existe e possui alguma permanência estrutural, então sabemos que existem algumas causas não-lógicas que tornam $k < 2^n$.

O quadro que descrevemos baseia-se em premissas totalmente questionáveis: os estados de uma situação não se compõem de eventos atômicos logicamente independentes; a história não é uma sucessão de situações logicamente independentes; o tempo não é um fluxo discreto de sucessivos eventos; o número de estados possíveis não é uma constante finita, etc. Mas, *considerando este quadro como uma descrição conservadora da situação*, podemos ver que o determinismo estrito e o total indeterminismo são características extremas e improváveis de nossa realidade. Existe um grau variável de ordem e de probabilidade na sucessão de eventos a partir de dadas condições iniciais e, sobretudo, o grau de previsibilidade de futuros eventos varia de uma situação para outra.

Herbert Simon observou que qualquer conjunto de informações pode ser representado por muitas estruturas causais que são incompatíveis entre si.[5] Na tentativa de evitar esta não-unicidade e gerar respostas inequívocas para certos problemas econômicos, a teoria econômica restringe demasiadamente o número e o tipo das

---

[4] Wright (1973), p. 304.

[5] Hoover (1994), p. 76.

variáveis consideradas na análise, a ponto de somente admitir, como resultado, um conjunto unitário de eventos possíveis. Assim restrita, a teoria econômica necessariamente deixa muita informação e muitos problemas do lado de fora. Nas palavras de Hoover,

> *The most common view among econometricians is that the problem of non-uniqueness can be avoided only by a priori commitments to certain restrictions on allowable representations.*[6]

Propomos que se adote uma outra abordagem. Em vez de restringir *k* mediante expedientes generalizantes que se apliquem a qualquer problema dado, consideramos teoricamente mais fértil analisar em problemas específicos quais são as restrições causais (e, portanto, não-lógicas) sobre 2^n, como estimativa para *k*, e identificar o peso das principais alternativas de evolução em jogo. Voltaremos a esse ponto no capítulo 6.

Na estimação dos possíveis eventos *k* guiamo-nos basicamente pela idéia de causalidade entre os elementos da situação. Em que medida podemos dizer que o estado presente das ciências sociais, e da economia em particular, é compatível com a idéia de causalidade e relativo determinismo? As relações que usualmente chamamos de relações causais têm por definição algumas características que parecem quase nunca corresponder à realidade social ou às proposições descrevendo as regularidades no comportamento humano e o funcionamento e mudança das estruturas sociais. Que características são essas?

Causalidade histórica[7]

Relações causais, em primeiro lugar, são relações genéricas, que não admitem exceção. Claramente, no ambiente social quase nunca identificamos leis com elevado grau de generalidade. Dentre

---

[6] "A visão mais comum entre os econometristas é que o problema da não-unicidade somente pode ser evitado mediante compromissos *a priori* com certas restrições sobre representações permissíveis", Hoover (1994), p. 76.

[7] O argumento desta seção foi baseado em Nowak (1973).

os poucos exemplos que temos, sobressai a lei da demanda, segundo a qual a quantidade de um bem varia inversamente com o seu preço (admitindo-se, porém, as exceções de Giffen).

Observe-se que esse tipo de relação econômica causal não domina mecanicamente as atitudes dos indivíduos. Eu posso, intencionalmente, violar a lei da demanda para bens normais tantas vezes quanto eu quiser. O que o economista reconhece ao enunciar a lei da demanda é que os indivíduos podem tomar decisões típicas em determinadas situações, mostrando forte propensão a adotarem uma mesma atitude e a definirem, dessa forma, uma clara tendência comportamental. Assim é que podemos esperar da parte dos consumidores, com base na lei da demanda, que a vasta maioria deles reduzirá o volume comprado de um bem sempre que o preço desse bem aumentar.[8]

O mais apropriado, portanto, é falar de proposições estatísticas de caráter probabilístico ou correlacional.

Em segundo lugar, relações causais são por definição relações universais, que se aplicam em todos os tempos e lugares, de tal forma que quando um dado evento ocorre ele determinará a ocorrência de um outro. Na realidade social a validade dos resultados empíricos alcançados em geral é limitada a intervalos específicos de espaço e de tempo.

Por fim, as relações causais parecem ser por definição objetivas em diferentes sentidos do termo: operam independentemente de serem conhecidas ou não e não podem ser deliberadamente desencadeadas em sentido normativo.

Na realidade social temos uma situação híbrida. Se por um lado muitos comportamentos regulares são derivados como conseqüência não-pretendida de ações individuais, por outro lado, a descoberta de certos mecanismos pode ser essencial para sua plena operação. Portanto, temos um tecido social relativamente independente de nossa vontade e conhecimento individual e, ao mesmo tempo, a possibilidade de influir na modificação desse tecido.

Um aspecto importante a ressaltar concernente às relações causais é que em todos os campos do conhecimento elas são prin-

---

[8] Boudon (1995), p. 34.

cipalmente condicionais, em vez de incondicionais. Suponhamos que temos uma relação causal entre duas classes de eventos, S e B. Uma relação causal incondicional significa que o que quer que ocorra juntamente com S, e não importa em que contexto S ocorra, ele será sempre seguido pela ocorrência de B.

Nas ciências empíricas não podemos esperar nos deparar com proposições que correspondam à noção de uma lei causal incondicional. As proposições que geralmente encontramos nas ciências em geral costumam ter antes uma forma do tipo "S é seguido de B, desde que os eventos D_1, D_2,...,D_n também ocorram". A conjunção de S e D (D = {D_1, D_2,...,D_n}) é condição suficiente para B, de tal forma que sempre que S e D ocorrerem, B também ocorrerá. A condicionalidade da relação entre S e B pode ser enfatizada pela expressão $(S \cap D) \subset B$.

Se considerarmos D como sendo, por exemplo, uma *disposição* para uma dada resposta comportamental, podemos supor que disposições tais como "inteligência" (entendida como uma predisposição geneticamente determinada para aprender e para resolver problemas) existam provavelmente em toda a raça humana em formas que podem ser caracterizadas como aleatórias, com freqüência relativamente igual de ocorrência. Mas essa não é a única forma pela qual nosso D pode ocorrer. D pode ser uma característica dos seres humanos, mas somente dentro de um intervalo H de espaço e de tempo definidos, ao passo que, fora desses limites, D simplesmente não ocorre. Portanto, a relação causal que poderia ser usada para explicar a ocorrência de B, digamos $(S \cap D) = B$, é *teoricamente* geral e universal. Aplica-se em qualquer lugar e momento. Mas sua *operação efetiva* está limitada ao espaço-tempo H, uma vez que D somente ocorre aí, mesmo que S ocorra em outras circunstâncias. Portanto, B apenas pode ocorrer dentro das fronteiras históricas H.

Suponhamos agora que não conhecemos a importância da propriedade D para a relação entre S e B, e tentemos formular uma generalização sobre a relação de S e B apenas. Nesse caso, não seremos capazes de formular uma lei causal universal que descreva a seqüência de ocorrências de S e B, já que S poderá ser seguido tanto de B quanto de não-B. Mas, mesmo sem descobrir a importância de D, podemos formular uma proposição histórica geral, estabelecendo que dentro das fronteiras espácio-temporais H ocorre que S é sempre seguido por B. Fora da extensão de H, entretanto, em que a condição D não se verifica, a relação causal S = B não será verdadeira.

As coordenadas históricas H desempenham nas generalizações históricas o papel de substituto das condições desconhecidas D nas relações causais condicionais universais, permitindo-nos formular uma proposição histórica geral limitada na sua validade espácio-temporal. Elas também nos informam onde as condições desconhecidas existem e onde não existem.

Podemos conceber essas hipóteses históricas como aproximações de relações causais condicionais, cujas condições desconhecidas são características das áreas e dos períodos para os quais são válidas. Se as descobrirmos, isto é, se substituírmos as coordenadas históricas H pela variável D genericamente definida, podemos derivar uma lei causal geral, cuja validade *teórica* será universal, mesmo que sua operação *fatual* seja limitada à população H.

Essa abordagem nos permite entender melhor alguns fatos importantes:

- a situação definida pela teoria econômica axiomatizada que herdamos descreve um caso particular apenas do ambiente econômico;
- a maior parte dos resultados teóricos obtidos em ciências sociais e comportamentais têm sua validade atada à situação total em que foram estabelecidos;
- replicações de experimentos sociais em circunstâncias outras que não as originais tendem a resultar em fracasso.

Este último item é particularmente importante na formulação de políticas públicas. Ele nos faz recordar que não podemos simplesmente transplantar instituições e tecnologias sem, antes disso, formarmos as precondições para seu funcionamento. Já testemunhamos, por negligência desse fato, imenso desperdício de recursos, de tempo e de esperanças...

Emergência na história

É bastante comum a idéia de que o ambiente econômico é indeterminado porque não temos suficiente informação ou capacidade cognitiva para entender todo o processo. Se este fosse o caso, tratar-se-ia apenas de uma indeterminação subjetiva, e não da própria realidade. Esta é a concepção que perpassa toda a teoria econômica, principalmente a análise de decisões sob condição de incerteza. Essa é também a razão pela qual a economia não tem conseguido incorporar a novidade essencial na análise e antecipar a ocorrência de mudanças no ambiente.

A indeterminação não é uma limitação do agente econômico, apenas. Ela é uma característica essencial da realidade social e uma das razões que explicam a diversidade de estruturas e comportamentos em nosso ambiente, talvez a razão mais importante para explicar o sucesso econômico na evolução da história ocidental. Essa indeterminação se expressa pela emergência de elementos novos no ambiente, que acrescentam novas possibilidades à situação e alteram o curso futuro de sua evolução.

Um caráter importante da condicionalidade da explicação em ciências sociais é que o fator D, necessário à operação da seqüência causal condicional S → B, pode ocorrer em determinado ponto do tempo e, desse momento em diante, tornar-se uma característica geral da situação. Como Ossowski (1967) mostrou, importantes eventos históricos, a exemplo da emergência do Cristianismo e do desencadeamento da Revolução Francesa, podem criar com seu impacto algumas condições basicamente novas que sejam fatores essenciais para algum tipo de comportamento humano.[9] Seu impacto pode ter também um caráter negativo, de modo a criar condições que cancelem a operação fatual de algumas regularidades do comportamento humano que eram observadas antes de sua ocorrência.[10]

---

[9] *Apud* Nowak (1973), p. 784.

[10] Observe a similaridade desta colocação com o fenômeno das interferências na física quântica: "*Interference (...) happens when amplitudes, or disturbances, from different sources come together, since they may add in some places and subtract or cancel in others. This will result in regions of intense or of low ac-*

Não nos devemos deixar iludir, contudo, com os exemplos dos grandes acontecimentos históricos. A emergência que modifica o ambiente é algo muito mais freqüente e imperceptível do que os fatos representados nos livros. É, por essa razão, difícil de ser notada e considerada em seus efeitos. Regra geral, apenas nos momentos de mudança acelerada é que podemos observar a emergência de novos elementos no ambiente concomitantemente com sua ocorrência. Nos demais casos, mesmo naqueles em que a mudança gerada pelos elementos emergentes é profunda, somente com o distanciamento histórico conseguimos percebê-la. Temos como exemplo de emergência profunda e silenciosa a formação da estrutura econômica de mercado, a partir do século XI, em algumas partes da Europa Ocidental. Exemplo de emergência profunda e visível em todas as suas cores se dá precisamente agora, com a formação de uma nova realidade mundial.

Não há razão para se esperar que todos os possíveis "modificadores" do ambiente já tenham ocorrido no passado ou estejam ocorrendo em situações sociais contemporâneas. Temos que ter sempre em mente a possibilidade de que algumas *novas condições básicas* poderão ocorrer no futuro. Do ponto de vista analítico, tanto quanto do prático, temos que estar preparados para as seguintes possibilidades:[11]

Algumas regularidades que, de acordo com nosso conhecimento teórico e empírico, não poderiam operar podem se tornar viáveis no futuro, se no curso das transformações históricas as condições necessárias a sua operação se estabelecerem;

A criação de algumas condições basicamente novas pode eliminar algumas regularidades do ambiente que, até então, eram consideradas como "leis de ferro".

Quando se descobre que a ocorrência dessas novas condições D, que codeterminam a regularidade S → B, é devida à ação (proposital ou não) dos indivíduos, um observador filosoficamente

tivity respectively", Gilmore (1995), p. 36 ["Interferência (...) ocorre quando amplitudes, ou distúrbios, de diferentes fontes se reúnem, uma vez que eles podem se somar em alguns lugares e se subtrair ou cancelar em outros. Isto resultará em regiões de intensa ou de baixa atividade, respectivamente"].

[11] Nowak (1973), p. 785.

ingênuo pode derivar a falsa conclusão de que o homem pode "criar" regularidades por meio de seu comportamento proposital.[12] Essa não é uma conclusão justificada. Primeiro, porque os eventos sociais resultam da *conjunção* de muitos comportamentos, não de alguns apenas. Segundo, porque os eventos mais importantes decorrem de mudanças não-propositais.

De qualquer forma, sendo o ambiente econômico uma obra essencialmente humana – influenciada, naturalmente, pelas restrições da natureza –, há sempre a possibilidade de fazermos intervenções conscientes em busca de aperfeiçoamentos em estruturas com as quais não estamos satisfeitos. Um dos grandes desafios da economia, na verdade, é mostrar como essas intervenções podem ser feitas com a menor margem de erro possível e com o mínimo de conseqüências danosas para os agentes envolvidos.

Menger considerou em detalhes alguns fenômenos sociais que emergiram para preencher objetivos e propósitos humanos sem terem sido especificamente desenhados para isso. Denominou-os de orgânicos (ou espontâneos) por oposição aos que são produto da deliberação e de convenção, e exemplificou:

> *language, religion, even the state itself, and, to mention a few economic and social phenomena, the phenomena of markets, of competition, or money, and numerous other social structures are already met within epochs of history where we cannot properly speak of a purposeful activity of the community, as such, directed at establishing them.*[13]

Ter em mente a possibilidade de emergência no ambiente ajuda a evitar que se cometa a "falácia das demais condições", segundo a qual se dois eventos sempre ocorreram conjuntamente no passado, então continuarão a ocorrer conjuntamente no futuro. Mudanças nas condições podem alterar os incentivos. Quando os

[12] *Idem.*

[13] "linguagem, religião, até mesmo o próprio estado, e, para mencionar alguns poucos fenômenos sociais e econômicos, os fenômenos dos mercados, da competição, do dinheiro, e numerosas outras estruturas sociais já são encontradas em épocas da história em que não podemos falar propriamente em atividade intencional da comunidade direcionada para estabelecê-las", Barry (1991), p. 71.

incentivos se alteram, o comportamento passado não mais será confiável como guia do comportamento futuro.[14]

Tendo discutido os conceitos de evolução histórica, causalidade e emergência, ficamos ainda com uma questão central a responder: como se forma a realidade social dentro desse caleidoscópio de possibilidades abertas? É o que abordaremos a seguir.

[14] Stockman (1996), p. 25.

Teoria das propensões

A formação dos eventos sociais resulta da concorrência de múltiplos elementos em interação, em um ambiente aberto a emergências e, portanto, caracterizado basicamente por uma incerteza intrínseca ou *a priori*. Essa incerteza, ou, nas palavras de Carvalho (1994), "a desordem do observável", resulta de pelo menos três fatores[1]: a possibilidade de emergência de novos elementos, ou "perturbações",[2] para usar um termo familiar à economia; nossa dificuldade em compreender interações complexas (limitação cognitiva); e o fato de que a ação humana é uma ação *com propósito.*[3] Isso foi o que admitimos. Mas não é o bastante. Para que a admissão da incerteza não nos paralise, é preciso forjar conceitos, técnicas, estruturas metodológicas capazes de *dotar* os processos sociais de inteligibilidade.

Economia e caos

Uma dessas estruturas é a matemática do caos, que investiga a trajetória de sistemas dinâmicos, concebendo-a como "uma evolução temporal com dependência hipersensível das condições iniciais".[4] Colocada dessa forma, ela nos soa bastante familiar, uma vez

---

[1] Carvalho (1994), p. 180.

[2] O termo "perturbações" não parece muito bom. Ele implica que existe uma trajetória regular a ser "perturbada", sendo o elemento perturbador um ente externo ao processo regular – visão que consideramos equivocada.

[3] "O reconhecimento de que a 'partícula' básica é dotada de vontade coloca a possibilidade (ainda que não, por si, a necessidade) da ação criativa, da decisão crucial, da causa sem causas...", Carvalho (1994), p. 180.

[4] Ruelle (1993), p. 93.

que lidamos com eventos predominantemente incertos *a priori*, cujo processo de formação se caracteriza pela interveniência constante de elementos que alteram a direção do sistema. Nas palavras de Prigogine,

> *we have discussed the concepts that allow us to describe the formation of dissipative structures, such as the theory of bifurcations. It is remarkable that near-bifurcations systems present large fluctuations. Such systems seem to "hesitate" among various possible directions of evolution, and the famous law of large numbers in its usual sense breaks down. A small fluctuation may start an entirely new evolution that will drastically change the whole behavior of the macroscopic system. The analogy with social phenomena and even with history is inescapable.*[5]

A ascensão da teoria do caos ao primeiro plano das discussões acadêmicas tem trazido importantes elementos heurísticos para a economia, além de aplicações diretas substantivas.[6] A idéia de dependência hipersensível às condições iniciais[7] nos sugere imediatamente uma analogia com os eventos econômicos que apresentam uma trajetória explosiva após a ocorrência de mudanças pouco

---

[5] "Discutimos conceitos que nos permitem descrever a formação de estruturas dissipativas, tais como a teoria das bifurcações. É digno de nota que sistemas próximos a bifurcações apresentem amplas flutuações. Tais sistemas parecem "hesitar" entre várias direções possíveis de evolução, e a famosa lei dos grandes números falha em seu sentido comum. Uma pequena flutuação pode iniciar uma evolução inteiramente nova que mudará drasticamente todo o comportamento do sistema macroscópico. A analogia com os fenômenos sociais é inescapável", Prigogine e Stengers (1984), p. 14.

[6] Ver, por exemplo, Barnett, Geweke e Shell (1989), Rosser Jr. (1991) e Fernandes e Gleiser (1994).

[7] Dependência hipersensível às condições iniciais significa que uma pequena mudança no tempo zero pode produzir uma mudança ulterior que cresce exponencialmente com o tempo; portanto, se não pudermos distinguir a condição inicial real de inúmeras condições iniciais imaginárias que estão próximas a ela, não poderemos saber qual das predições possíveis é a correta. Ver Ruelle (1993), pp. 58 e 63.

visíveis, a exemplo do processo de aceleração tecnológica. Alvin Tofler coloca que:

> *in far-from-equilibrium conditions we find that very small perturbations or fluctuations can become amplified into gigantic, structure-breaking waves. And this sheds light on all sorts of "qualitative" or "revolutionay" change processes. When one combines the new insights gained from studying far-from-equilibrium states and nonlinear processes, along with these complicated feedback systems, a whole new approach is opened.*[8]

A teoria do caos desautoriza a adoção da hipótese de linearidade em larga escala, como se tem feito na economia, pois hoje se sabe que as vizinhanças das posições de equilíbrio podem conter bacias fractais[9] que levam o comportamento do sistema a se afastar dessas vizinhanças, em vez de manter uma consistência aproximadamente linear. A ciência econômica, por sua vez, está acostumada a pensar em termos de relações causais lineares ou em termos de relações simultâneas lineares ou linearizáveis, que subjazem a praticamente todas as técnicas de análise e previsão. Segundo Damásio (1994), busca-se justificar a adoção da hipótese de linearidade com o argumento de que, na vizinhança do ponto a ser examinado, a maioria das relações complexas pode ser aproximada por relações lineares, com a requerida precisão. Com a teoria do caos, diz Damásio, hoje sabemos que este argumento é falso. [10]

Mas, conforme nos alerta Carvalho (1994),

---

[8] "em condições de não-equilíbrio observamos que perturbações ou flutuações muito pequenas podem amplificar-se em ondas gigantes, destrutivas. Isso lança luz sobre toda uma gama de processos de mudança 'qualitativa' ou 'revolucionária'. Quando se combinam essas novas percepções obtidas do estudo de estados de não-equilíbrio, de processos não-lineares, e desses sistemas de *feedback* complicados, toda uma nova abordagem se abre", em Prigogine e Stengers (1984), p. xvii.

[9] Segundo Ruelle (1993, p. 88), o termo "fractais" foi cunhado por Benoîte Mandelbrot para designar objetos de dimensão não-inteira, ou seja, objetos que não são nem curvas nem superfícies lisas. Mas, acrescenta Ruelle, ainda falta uma compreensão geral dos processos que dão lugar às estruturas fractais.

[10] Damásio (1994), p. 166.

> é preciso evitar a confusão entre a matemática do caos enquanto linguagem e o caos enquanto explicação da incerteza, pois o caos é, na verdade, uma forma de identificar continuidades ocultas, não-aparentes, dos processos estudados, enquanto a incerteza genuína se refere a rupturas desses processos.[11]

Ruelle também aponta para algumas limitações da teoria do caos para a explicação de eventos sociais. Segundo ele, a teoria do caos não se aplica à maior parte das questões que os cientistas sociais buscam responder, uma vez que ela versa estritamente sobre evoluções temporais deterministas ou recorrentes, ou seja, em que o sistema retorna incansavelmente a estados próximos de estados já visitados no passado. Ainda que a maioria dos eventos econômicos apresente a dependência hipersensível das condições iniciais, diz Ruelle, dificilmente poderíamos tratá-los como deterministas ou recorrentes, já que, ao contrário dos sistemas caóticos, eles costumam divergir sem seguir uma trajetória-padrão. Em síntese, a maior parte dos eventos sociais são *irreversíveis* e, além disso, *não-recorrentes*.[12]

Juntamente com a teoria do caos, estão em desenvolvimento novas abordagens para os problemas de complexidade e incerteza que fazem uso de metáforas e estruturas conceituais inovadoras, como as "catástrofes", que se referem à emergência de efeitos desproporcionais a suas causas nos sistemas dinâmicos estudados pela física do não-equilíbrio, e o "acaso organizador", que segue o princípio de *order from noise* contra a idéia tradicional de *order from order*.[13] A aplicabilidade dessas abordagens também não é universal, mas, assim como a teoria do caos, transcende as fronteiras disciplinares. Nas palavras de Morin,

> [É preciso constatar,] como uma conseqüência fundamental dessa *scienza nuova*, o fato de que "a racionalidade não é mais

[11] Carvalho (1994), p. 186.

[12] Ruelle (1993), pp. 115-119.

[13] *Order from noise* refere-se à emergência de fenômenos ordenados a partir de turbulências ou flutuações caóticas. *Order from order*, por sua vez, corresponde à idéia de que a ordem natural só pode obedecer a leis naturais imutáveis. *Vide* Pessis-Pasternak (1993), pp. 14-15.

> sinônimo de certeza, nem a probabilidade de ignorância", de modo que a complexidade e a imprevisibilidade se tornem características intrínsecas de fenômenos tão diversos quanto a turbulência dos fluidos, o clima ou a economia.[14]

Para os propósitos da pesquisa econômica, consideramos que implícitas no conceito de complexidade e incerteza estão as idéias de pluralidade e de plasticidade metodológica, no sentido de que problemas distintos demandam abordagens diferentes, técnicas de análise peculiares, instrumentos conceituais próprios. Assim é que as diversas abordagens que citamos podem ser de imenso valor para a pesquisa econômica, e para os problemas a que aludimos na introdução deste trabalho, sem que para isso precisemos forjar mais uma definição peculiar à economia. Na verdade, a pluralidade metodológica, do ponto de vista operacional, coloca por terra qualquer pretensão de imputar à economia uma definição única sobre seu escopo e seu método.

Propensões

Um dos maiores desafios das ciências sociais é descobrir e explicar as dependências pouco óbvias que ocorrem dentro do ambiente social. Essas dependências são tais que, partindo-se dos mesmos pressupostos podem advir pelo menos dois resultados diferentes, tal como a idéia de bifurcações de Prigogine nos sugere. Se é assim, o curso de qualquer dada situação está sempre aberto: tudo que existe é apenas uma probabilidade. Mas como racionalizar o processo de formação dos eventos sociais? Passaremos a apresentar um aparato conceitual de inspiração popperiana, conhecida como teoria das propensões, que concebe um evento social como sendo o vetor-resultante da interação de inúmeras possibilidades ponderadas.[15]

---

[14] *Apud* Pessis-Pasternak (1993), p. 19.

[15] Existe uma relação muito forte entre a teoria das bifurcações de Prigogine e a teoria das propensões de Popper, com implicações muito parecidas: "Se a bifurcação de Prigogine é a propensão de Karl Popper, então deve-se aqui afir-

No capítulo 5 utilizamos o argumento de Wright para mostrar que, mesmo partindo de um quadro conservador da estrutura social, com eventos atômicos logicamente independentes e um número finito *n* de estados possíveis, ainda assim teremos que as possibilidades de evolução para uma situação específica é sempre indeterminada *a priori*, pela *existência* de diversas histórias possíveis. O termo "existência" aqui deve ser enfatizado para indicar que a indeterminação não é apenas uma indeterminação subjetiva devido à nossa falta de conhecimento sobre o futuro. Na verdade, não conhecemos o futuro porque *o futuro ainda não existe.*[16] A indeterminação é concebida como algo inerente à estrutura social, no sentido de que a formação e mudança desta – ou seja, sua história – são feitas *in loco*, no tempo contínuo, a partir das possibilidades de evolução presentes e de outras que podem surgir.

O *campo de possibilidades* ou de eventos possíveis – em cada situação do processo econômico e social – se forma pela interação entre uma pluralidade de elementos de vários tipos e dimensões.[17] Dependendo do problema que se esteja analisando, esse campo de possibilidades pode ser algo entre muito pequeno e infinitamente grande, não se podendo fazer alegações *a priori* sobre o grau de previsibilidade da situação.

Cada possibilidade dentro desse campo representa um evento econômico potencial e, dessa forma, embute uma direção para o curso da situação. Mas essas possibilidades não têm chances iguais de se concretizar; ao contrário, os elementos que conformam uma situação são tais que geram possibilidades mais pesadas em determinadas direções do que em outras. Além disso, as possibilidades em jogo em determinado momento interagem em competição di-

---

mar – como de resto Prigogine claramente afirmou – que se trata da construção de estruturas dissipadoras – uma contradição aparente de natureza verbal que *torna possível a ordem de 'entropia negativa' num sistema inundado de energia. Amplificação ascensional da desordem para a ordem*" (Franz Kreuzer, em Popper (1987a), p. 60, grifo nosso). Mas a relação entre as duas teorias não é aqui discutida.

[16] Popper (1988), p. 217.

[17] Pense-se tanto numa pluralidade "horizontal" – elementos materiais, mentais, culturais, etc. – quanto numa pluralidade "vertical" – elementos econômicos, sociológicos, psicológicos, políticos, etc.

nâmica, algumas se somando, outras se enfraquecendo, de modo a dotar alguns eventos possíveis de maior chance de realização. A essas possibilidades mais pesadas denominamos de *propensões*, ou tendências, ou disposições *do ambiente*.

Assim, propensões são disposições da situação (ou do ambiente) para gerar determinados eventos ou estados, não como meras possibilidades, mas como forças sociais em competição atuando em direções diferentes, sem contudo produzir ou controlar ainda um processo real. Esse jogo de forças sociais se mantém até que uma das propensões seja decisivamente favorecida e concretizada no que chamamos de evento social. O diagrama de blocos mostrado na página 101 esquematiza esse processo, onde *S* é a situação total, formada pela conjunção de vários elementos, *P* representa o campo de vetores de propensões em causa, gerado pela interação dos elementos de *S*, e *e* representa o evento social como vetor resultante do jogo de propensões, em que uma propensão em particular é favorecida.

Nesse processo, um evento social é tal que antes do exato instante de sua ocorrência ele não passa de uma mera possibilidade ponderada e, uma vez concretizado, ele é o vetor-resultado da interação de inúmeras possibilidades existentes no ambiente.

Dois aspectos a considerar.

Primeiro, as propensões não são atributos dos agentes econômicos, ou da tecnologia, ou das instituições econômicas, ou, ainda, do ambiente natural, mas são atributos da situação total que se desenha pela interação de todos esses fatores em conjunto. *O aspecto situacional das propensões é muito importante.*[18] Isso ficará mais claro na seção seguinte, ao explorarmos a representação probabilística das propensões.

Segundo, *qualquer* problema econômico pode ser analisado mediante referência a *qualquer* tipo de situação que se queira considerar. Para tomarmos um exemplo simples, na tentativa de descobrir qual a probabilidade de um determinado indivíduo vir a sofrer um sinistro, as companhias de seguro podem analisar apenas aspectos muito gerais de sua saúde, ou proceder a uma pesquisa

[18] Popper (1988), p. 216.

minuciosa de sua vida, incluindo hábitos de alimentação, locais que freqüenta, condições de trabalho, etc. Entre a pesquisa genérica e a inspeção minuciosa existe todo um espectro de procedimentos intermediários. Em um extremo desse espectro, existe o risco de se avaliar erradamente a probabilidade em jogo e causar prejuízo à companhia. No outro extremo, existe o risco de se incorrer em custos administrativos superiores ao lucro de estimar a probabilidade correta. O que a companhia de seguros tenta fazer é estimar uma probabilidade razoavelmente fidedigna para uma situação não-excessivamente específica.

Nos demais problemas econômicos, mesmo os de risco não-quantificáveis, o mesmo ocorre. Podemos estabelecer condições muito gerais para referenciar nosso problema, e então corremos o risco de encontrar soluções apenas formalmente precisas (com baixo grau de aplicação empírica); no outro extremo, podemos tentar delimitar uma situação com todos os detalhes que formos capazes de identificar, e então o risco é de não conseguirmos estabelecer o que é realmente singular e determinante para o evento.

O trabalho teórico consiste principalmente em tentar estabelecer as condições *relevantes* sob as quais uma propensão se manifesta, as quais, em geral, estão longe de serem aparentes. Naturalmente, conforme coloca Popper:

> Nunca se pretenda mais precisão do que a que é exigida pelo problema que se tem em mãos.[19]

Portanto, nem sempre é necessário trabalhar com condições de elevado grau de complexidade. Outras vezes, o risco envolvido é muito grande para basear a análise em condições demasiadamente simples e facilmente manejáveis tecnicamente. O grau de detalhamento da situação é o que *o problema requer*, e nenhuma teoria pode estabelecer *a priori* que grau é esse sem restringir arbitrariamente a fronteira de problemas que podem ser analisados.

[19] Popper (1987b), p. 41.

Formação dos eventos sociais

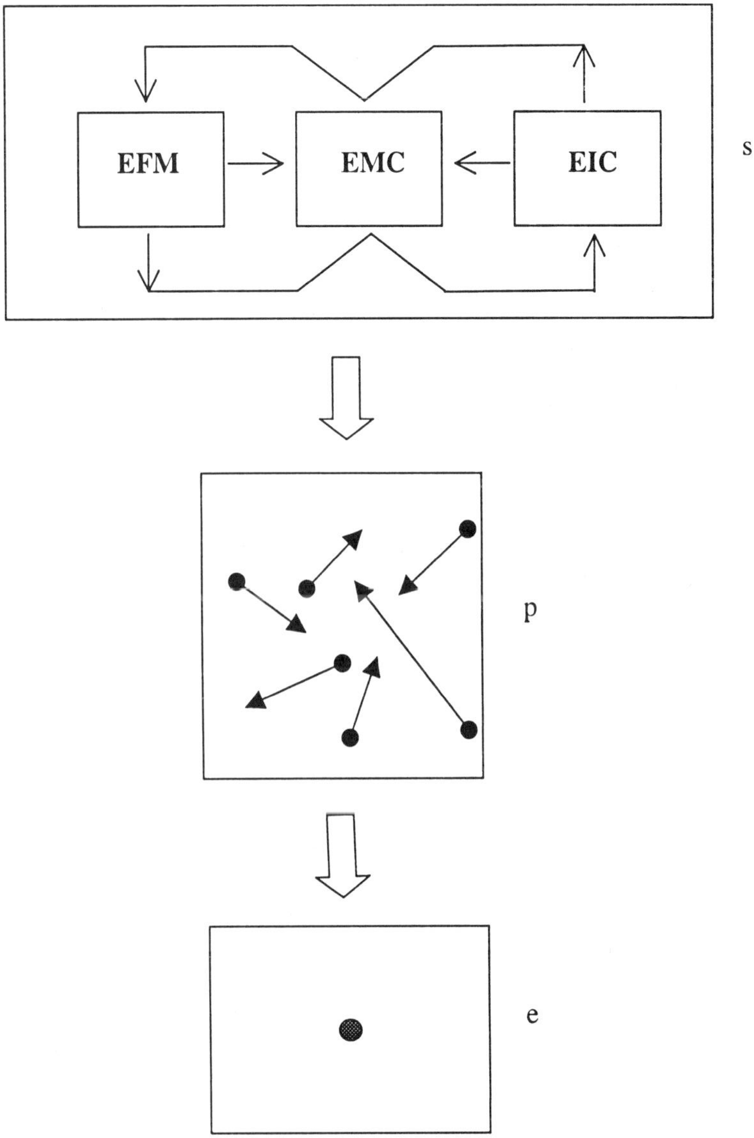

Propensões e probabilidades

A teoria das propensões tem uma representação probabilística familiar:

$$p\ (e/S) = r,$$

ou seja, a probabilidade de que a situação *S* gere o evento *e* é igual a *r* (ou, alternativamente, a probabilidade de que o evento *e* ocorra na situação *S* é igual a *r*). Assim como as probabilidades, as propensões são possibilidades ponderadas cujos pesos variam de uma situação para outra. Elas são *condicionadas* à situação *S*.

Consideremos o clássico experimento de lançar um dado e calcular a probabilidade de ocorrência de qualquer de suas seis faces, digamos, a número 6. A teoria clássica da probabilidade diz que a probabilidade de um acontecimento é igual ao número de possibilidades favoráveis dividido pelo número de todas as possibilidades iguais. Assim, no lançamento de um dado, a probabilidade de ocorrência da face com o número 6 é de 1/6, dado que existem no conjunto seis possibilidades iguais, mas apenas uma favorável ao acontecimento "face 6". Mas o que acontece se o dado estiver viciado? Como não há mais possibilidades iguais, não podemos falar de probabilidades no sentido numérico clássico.

Para se obter uma teoria mais geral das probabilidades (a teoria das freqüências relativas, por exemplo), foi necessário reconhecer que as chances de concretização de um evento não estão determinadas *a priori*, mas variam em função do aparato total da situação em que o experimento se dá. Assim, o que gera a probabilidade de 1/6 para a ocorrência de qualquer uma das faces no lançamento de um dado regular é uma situação objetiva total que favorece o predomínio da simetria: a superfície de lançamento (lisa), as condições atmosféricas (ausência de correntes de ar), a forma de lançamento (garantia de aleatoriedade), a estrutura do dado (hexaedro regular), etc. Cada configuração possível desses fatores gera um campo de possibilidades distintamente ponderadas, das quais a eqüiprobabilidade é apenas um caso-limite.

O que a teoria das propensões faz é enfatizar a dependência situacional das possibilidades e dos pesos que estão associados a cada possibilidade, no sentido de que cada situação gera um campo de propensões *próprio* e favorece mais fortemente a concretização de umas à de outras. Donde se pode tirar o rótulo sumário para o conceito de propensão: propensão é uma disposição ponderada "r" da coisa "x" na situação "S" a assumir o estado "y".

No caso clássico do lançamento de dado regular, temos:

$r = 1/6$
$x =$ hexaedro regular
$S =$ hexaedro homogêneo, lançado de forma aleatória em uma superfície plana, lisa e livre de interferências atmosféricas
$y =$ uma das faces do hexaedro, previamente escolhida.

Dessa forma, a análise em termos de propensões é, antes de mais nada, um estudo de lógica situacional, em que se busca acessar o peso das possibilidades mais fortes que o ambiente gera. Uma propensão $r = 0$ implica uma impossibilidade, ou ausência de propensão; se $r = 1$, existe uma propensão favorecida no ambiente, que domina todas as demais; propensões com valores entre 0 e 1 são forças sociais em competição atuando em direções diferentes, sem produzir ou controlar nenhum processo real.[20]

Observe-se que a teoria das propensões se aplica aos problemas convencionais da teoria matemática das probabilidades, em que valores numéricos podem ser naturalmente calculados (*e.g.*, nos experimentos com lançamento de dados). Mas sua aplicação mais importante é justamente naqueles casos em que essa quantificação em estatísticas sumárias não é possível e em que, para calcular as propensões, temos que coletar evidências não-quantitativas também. Naturalmente, conforme coloca Katzner,

> *it's always possible to construct arbitrary scales on which non-quantifiable variables can be "measured". Each value of the variable can be assigned a number between, say, 0 and 1 on the real line. But, beyond using arbitrary numbers, the results obtained tend to depend on the particular scales chosen, whereas the actual properties of the relationships between the variables*

[20] Popper (1988), p. 215.

> *are obscured. The usefulness of such an approach is therefore open to serious question.*[21]

Por esta razão, apesar de admitir a forma bem conhecida da teoria das probabilidades, a teoria das propensões é algo bastante diferente, conforme colocaremos a seguir.

Onicescu define probabilidade como sendo a expressão *numérica* de uma informação sobre a existência, em certas condições, de um evento.[22] Há várias interpretações correntes sobre como podemos obter essa expressão numérica. Savage aponta três delas – a lógica, a freqüentista e a personalista.[23]

A concepção lógica parte da aceitação de um aparato simétrico de jogo para definir probabilidade como sendo um valor único obtido da razão entre o número de ocorrências reais sobre o número de ocorrências possíveis numa seqüência de eventos suficientemente bem definida, onde cada evento é igualmente possível *a priori*.[24]

A visão freqüentista vê probabilidade como sendo a freqüência de sucessos em longas seqüências de experimentos similares. Na definição de Richard von Mises, probabilidade é o valor-limite da freqüência relativa com a qual certos eventos ou propriedades ocorrem dentro de uma seqüência infinitamente longa de observações.[25] Probabilidade como freqüência relativa é aplicável a séries que combinam irregularidade individual com regularidade agregada, em que eventos únicos parecem completamente randômicos, mas a série da qual eles são parte é estacionária e regular.

---

[21] "é sempre possível construir escalas arbitrárias nas quais variáveis não-quantificáveis podem ser mensuradas. A cada valor da variável pode ser atribuído um número, digamos, entre 0 e 1 na reta real. Mas, além de estarmos usando números arbitrários, os resultados obtidos tendem a depender da escala particular escolhida, enquanto as propriedades reais das relações entre as variáveis ficam obscurecidas. A utilidade de uma abordagem como essa fica, então, aberta a sério questionamento.", Katzner (1983), p. 89.

[22] Onicescu (1973), p. 439.

[23] Savage (1973), p. 418. Savage denominou as interpretações de "necessarian, frequentist and personalist", que houvemos por bem traduzir como "lógica, freqüentista e personalista".

[24] McCann (1994), p. 30.

[25] *Apud* McCann (1994), p. 32.

Por fim, a visão personalista concebe probabilidades como sendo medidas de opinião e, portanto, caracterizadas por assumir diferentes valores para diferentes pessoas. Segundo DeGroot, na visão subjetiva ou personalista, a probabilidade que uma pessoa atribui ao resultado possível de algum processo representa o seu próprio julgamento sobre a possibilidade de que esse resultado seja obtido.[26] Esse julgamento será baseado nas crenças da pessoa e na informação sobre o processo. A teoria bayesiana formaliza a interpretação subjetiva e desenvolve técnicas para elicitar os julgamentos de probabilidades.[27]

O que ocorre, na verdade, é que o mesmo termo "probabilidade" é usado nas diversas interpretações para designar coisas diferentes; portanto, não há, estritamente falando, incompatibilidade entre as interpretações. O problema nas ciências sociais e na economia, em particular, no que concerne a estas três interpretações, é que, se por um lado todas três têm importantes aplicações em problemas específicos, por outro lado elas não correspondem às características do ambiente em que a maior parte dos problemas emerge.

Assim é que as situações econômicas em geral costumam apresentar: assimetria e graus relativos de poder distintos entre os agentes, muito mais do que simetria e eqüiprobabilidade; eventos de baixa permanência estrutural, que, muitas vezes, não voltam a ocorrer, muito mais do que longas seqüências de experimentos similares; e uma interação contínua entre componentes objetivos e subjetivos do ambiente, muito mais do que determinações totalmente subjetivas.

Uma nova interpretação, proposta por Karl Popper e retomada por R. N. Giere e Patrick Suppes, é aquela das probabilidades em termos de propensões, ou simplesmente teoria das propensões, que introduzimos anteriormente.

Em sua versão probabilística, a maior virtude da teoria das propensões é explicar como se formam os *eventos singulares* a partir da concepção de medidas ou pesos associados a possibilida-

---

[26] DeGroot (1984), p. 4.

[27] McCann (1994), p. 34.

des em processos históricos singulares. Até agora, o que tínhamos como instrumento para análise empírica, que permeia todas as técnicas econométricas e de séries temporais, era a teoria das freqüências relativas, segundo a qual um evento só tem probabilidade enquanto membro de uma seqüência de experimentos similares e aleatórios.

De fato, na interpretação freqüentista a probabilidade somente é compreensível quando relacionada a uma seqüência infinita de experimentos repetíveis. Nas palavras de McCann:

> *Any attempt to determine the probability of the occurrence of an event (i.e., to assign to such occurrence a numerically valued probability) must pressupose the existence of a series of which the event is part. Unique, one-time occurences are by themselves outside of the realm of reflection as they belong to no discernible series. They are of relevance only so far as they belong to some extended sequence which can be defined and constructed.*[28]

Muitos processos econômicos no tempo real, entretanto, não conformam seqüências de experimentos similares, sobretudo os processos de desenvolvimento e crescimento econômico. E mesmo quando se consegue longas seqüências de experimentos similares, é impossível deduzir valores de propensões a partir de valores de freqüências, e vice-versa, conforme mostra Giere.[29]

---

[28] "Qualquer tentativa de determinar a probabilidade de ocorrência de um evento (isto é, de atribuir a tal ocorrência uma probabilidade numérica) deve pressupor a existência de uma série da qual o evento é parte. Ocorrências únicas, singulares no tempo, estão por si mesmas fora do reino de reflexão, por não pertencerem a nenhuma série discernível. Elas são relevantes somente enquanto pertencentes a alguma longa seqüência que possa ser definida e construída", McCann (1994), p. 32.

[29] "Uma questão central concernente à relação entre propensões de casos singulares e freqüências é se é possível *deduzir* valores de uma a partir de valores da outra. A resposta, como se pode esperar, uma vez que propensões são teóricas, é negativa. Considere uma série de experimentos de Bernoulli, nos quais a propensão ao sucesso é r em cada tentativa. Seja f_n a freqüência relativa de sucessos depois de n tentativas. Neste caso, a conexão mais forte que se pode estabelecer entre r e f_n é dada pelo teorema de Bernoulli:

Não obstante serem propensões e freqüências relativas coisas diferentes, as freqüências relativas podem prover *evidência* para hipóteses em termos de propensões.[30] Na realidade, podemos ir adiante e afirmar que as técnicas freqüentistas e bayesianas, da perspectiva estritamente operacional, podem ser instrumentos importantes na identificação das propensões. O mais apropriado é conceber as propensões como representação de propriedades da situação que se esteja considerando e, sob o aspecto operacional, utilizar as diversas técnicas disponíveis para *coletar evidência* a respeito dessas propriedades.

Patrick Suppes ressalta o fato de que a teoria das propensões carece de uma formulação mais sólida em termos de conceitos primitivos que não façam uso do conceito de probabilidades quantitativas.[31] Por exemplo, no caso da abordagem subjetivista de Savage, a noção básica primitiva é a relação de preferência entre ações e decisões; na abordagem clássica de Laplace, a noção básica é de probabilidades iguais; e na teoria das freqüências relativas a noção básica é a de limite de freqüências relativas em seqüências aleatórias. Os conceitos básicos correspondentes e axiomas para uma teoria objetiva das probabilidades, baseada no conceito de propensões ou disposições, ainda estão por serem dados. Alguns axiomas estruturais para a formulação da teoria das propensões são sugeridos por Suppes, com base no conceito de probabilidades qualitativas.[32]

$(\varepsilon > 0)(\delta > 0)(\exists N)[(n > N) \supset P(|f_n - r| < \varepsilon) > (1-\delta)]$,

onde P mede a propensão do experimento composto de *n* tentativas aleatórias. *Não* se segue daí que a seqüência de valores de f_n tenha limite *r* no sentido ordinário, ou seja, que

$(\varepsilon > 0)(\exists N)[(n > N) \supset |f_n - r| < \varepsilon)]$

Portanto, a seqüência não precisa ser uma seqüência de probabilidades no sentido de von Mises ou Reichenbach", Giere (1973), p. 472.

[30] Giere (1973), p. 473.

[31] Suppes (1973), p. 516.

[32] Na axiomatização de probabilidades qualitativas, "a notação primitiva é interpretada como se afirmando que o evento A, dada a ocorrência do evento B, tem uma propensão a ocorrer pelo menos tão grande quanto a do evento C, dada a ocorrência do evento D. Além disso, os eventos B e D podem não ocorrer realmente. O que estamos estimando é a tendência ou a propensão a ocorrer,

Economia e propensões

A idéia de propensões na economia tem a grande vantagem de alcançar um campo extenso de problemas econômicos sem comprometer a simplicidade e a parcimônia das explicações. Consideremos um exemplo bem simples. Um dos princípios básicos da análise econômica é o de que "as pessoas escolhem as melhores coisas que podem adquirir".[33] Na verdade, sabemos que essa hipótese não é universalmente verdadeira, e nem a teoria econômica pretende que o seja. Trata-se apenas de uma boa aproximação para muitas situações, que dá importantes resultados teóricos. Se aplicarmos a idéia de propensões a este caso, teremos a nova afirmação de que "uma situação de tipo *S*" (sendo *S* um conjunto de premissas, tais como preferências convexas, função-objetivo de maximização, etc.) tem uma forte propensão *r* a gerar o evento *a* (sendo *a* o fato de que as pessoas escolhem as melhores coisas que podem adquirir). Observe que agora trabalhamos com uma hipótese verdadeira ou falsa, e não mais com um fato estilizado. Além disso, ficando claras as condições sob as quais essa propensão em particular se aplica, abre-se espaço para a consideração de outros tipos de comportamento, em situações diferentes.

Não é apenas uma questão de trocar palavras. Há importantes ganhos de conteúdo em jogo.

Por um lado, passa-se a trabalhar com proposições empíricas, e não apenas com fatos estilizados, conforme dissemos. Mesmo que não tenhamos condições operacionais de medir exatamente *qual é* o grau de propensão em causa, pode ainda assim ser verdade que essa propensão *realmente* esteja lá; ou não, se descobrirmos que se trata de uma hipótese falsa. O ponto é que não se precisa mais fazer referência a situações *ideais*.

Por outro lado, se deixamos claro que o comportamento propugnado (isto é, que as pessoas tendem a escolher a melhor cesta que podem adquirir) é o mais provável, mas, ainda assim, é *um resultado apenas* de um conjunto de *resultados possíveis*, abre-se a

---

dada a ocorrência de algum outro evento", Suppes (1973), p. 517. Os axiomas constam das páginas 519 a 529.

[33] Varian (1994), p. 33.

possibilidade de explorar os casos em que esse resultado não se verifica. Ou seja, ganha-se a chance de analisar casos em que a propensão que domina possibilidades rivais ou alternativas varia de uma situação para outra.

Um segundo exemplo. Fato elementar da vida econômica é que as economias capitalistas estão em constante estado de tensão nervosa e de movimento real ou potencial.[34] Em que medida, então, as economias capitalistas têm realmente uma propensão ao equilíbrio? Segundo Stockman, "equilíbrio é uma situação em que não há tendência a mudança, a não ser que algumas condições subjacentes se alterem".[35]

Segundo Friedrich Hayek, o correto não é dizer que os mercados se equilibram, mas antes que o sistema de mercado, por meio da informação veiculada pelos preços, mostra uma tendência para o estado de equilíbrio. Enquanto a economia neoclássica está muito mais voltada para a derivação de provas matemáticas da existência de um equilíbrio, a economia austríaca ocupa-se primariamente com a pesquisa dos fatos que geram essa propensão ao equilíbrio.[36]

Lachman e Shackle, por outro lado, sustentam que o mundo econômico é "caleídico". Ao invés de um processo mais ou menos suave de coordenação das ações dos agentes, definindo uma tendência de longo prazo para o equilíbrio, o que existe, para esses autores, é um refluxo constante de elementos no sistema econômico, produzindo eventos temporários e sempre mutantes. O fundamento dessa visão é a assertiva de que muito da vida econômica decorre de expectativas, que são puramente subjetivas e pouco suscetíveis a mecanismos de coordenação.[37]

Esse debate não é novo. Acreditamos que as idéias aqui propostas possam contribuir para um reexame da questão, ao chamarem a atenção para a necessidade de que a economia inclua em sua matriz conceitual variáveis explicativas que têm estado tradicio-

---

[34] Heilbroner e Thurow (1994), p. 147.

[35] Stockman (1996), p. 93.

[36] Barry (1991), p. 76.

[37] Barry (1991), p. 79.

nalmente fora de suas fronteiras, sobretudo as de caráter institucional. Assim é que as expectativas – que nada mais são do que estados mentais dos agentes – devem ser analisadas não em abstrato, mas em sua relação com fatores objetivos do ambiente: em que medida os fatores institucionais afetam o que eu penso e antecipo do futuro? Pode-se conjecturar que, quanto mais estáveis e eficientes são as instituições relevantes na estrutura econômica (sistema de preços, política monetária, proteção de direitos de propriedade, etc.), maior é a taxa de crescimento econômico, mais intenso se torna o processo de destruição criadora que promove esse crescimento e, portanto, mais improvável se torna o estado de equilíbrio.

Adam Smith mostrou que é a aleatoriedade e a abertura que levam a uma organização econômica eficiente. Portanto, a análise econômica que deposita toda a ênfase em processos de equilíbrio e de reversibilidade não pode explicar o que há de singular no ambiente econômico em que passamos a viver desde a emergência da estrutura de mercado: a propensão ao crescimento, que, sob todos os aspectos que se considere, é incompatível com estados de equilíbrio e de baixa entropia.

O que caracteriza o ambiente econômico em que vivemos é a determinação de uma ordem ou organização que se renova constantemente, mediante um processo altamente entrópico e de não-equilíbrio. Se assim o é, precisamos de estruturas teóricas e metodológicas suficientemente plásticas para admitir tanto a estabilidade quanto a mudança.

Introduzir essa plasticidade na pesquisa social é o que propõe a análise situacional/teoria das propensões, que deriva toda sua fertilidade na aplicação aos problemas econômicos e sociais do fato de que as propensões (ou tendências, ou disposições) são propriedades das condições geradoras como um todo, e não da natureza humana ou de padrões de desenvolvimento histórico preestabelecidos. *Cada situação econômica tende a gerar um campo de possibilidades, cada qual com diferentes pesos ou probabilidades de ocorrência real, e, na medida em que essas condições se alteram, pela concorrência de fenômenos objetivos e subjetivos, o campo de possibilidades e de propensões também se altera.* É esse mesmo fato que permite a análise dos problemas sociais em toda a sua integridade.

Mas ainda não enfrentamos uma questão de suma importância: como identificar operacionalmente as propensões em uma dada situação? É o que discutiremos no capítulo seguinte.

Identificando propensões

Dentro da proposta de análise situacional/teoria das propensões, a questão de como identificar os pesos associados às possibilidades e, por via de conseqüência, as propensões mais fortes do ambiente não é questão trivial. Se o fosse, provavelmente não se aplicaria aos problemas econômicos a que nos referimos na introdução, que não são triviais. Todas as dificuldades de se apreender em representações concisas (*e.g.*, numéricas) os fatores qualitativos do processo econômico se aplicam igualmente à estimação das propensões.

A identificação das propensões é primariamente uma tarefa teórica, combinada com a coleta de evidências objetivas (relatórios, documentos, estatísticas, etc.), como a arqueologia de um futuro que ainda não existe.[1] O que deve ficar claro é que a estimação das propensões não é uma prática estatística: ela apenas se serve das técnicas estatísticas, quando possível e oportuno, dentro do procedimento de análise situacional.

---

[1] Observe que o procedimento de análise situacional/teoria das propensões se pretende aplicável à explicação de situações e ocorrências passadas, tanto quanto correntes e futuras. Presentemente ocupar-nos-emos dos dois últimos casos, por sua importância prática e pelas dificuldades operacionais que estão envolvidas. Não importa o quanto se evidenciem as limitações e os fracassos da disciplina econômica no domínio das previsões, continua sendo verdade que a economia é basicamente uma ciência das decisões, na qual os tomadores de decisão em vários campos de interesse se apóiam para avaliar as alternativas que estão a sua frente. Não se trata apenas da identificação de eventos presentes e antecipação de eventos futuros sobre os quais não temos qualquer controle. Trata-se principalmente de compreender o processo que determina o curso de uma situação para poder nele intervir, se necessário, e de antever possíveis conseqüências de decisões presentes ou passadas, tarefas cruciais para os formuladores de políticas públicas.

Se fôssemos tomar emprestado os métodos disponíveis para estimar o curso das situações econômicas, estaríamos acompanhados de um conjunto de técnicas que abrangeria basicamente técnicas subjetivas, como os *surveys* e o método de Delphi, os modelos não-causais, como a análise de séries temporais, e os modelos causais, como a análise econométrica. No presente capítulo abordaremos algumas dessas técnicas, mostrando por que sua prática não tem sido a prática de estimação das propensões.

Técnicas de previsão

Segundo Holden, Peel e Thompson (1990), para enfrentar a incerteza do ambiente econômico, a economia, em suas dimensões prática e teórica (que, infelizmente, não dialogam freqüentemente...), desenvolveu basicamente dois tipos de técnicas de previsão, que assim denominam: previsões subjetivas e previsões baseadas em modelos.[2]

As previsões subjetivas são baseadas em suposições, na experiência e na intuição do pesquisador. Não seguem regras claras e se baseiam no processamento de informações de modo informal, de tal forma que duas pessoas com o mesmo tipo de informação podem derivar previsões subjetivas distintas.[3]

Então, podemos perguntar, as técnicas de previsão que utilizam modelos permitem a derivação de previsões idênticas ou similares por duas pessoas que as utilizem separadamente? A resposta é *não*, por razões que veremos adiante.

As principais técnicas subjetivas são os *surveys*, que são questionários administrados pelo correio, telefone, e-mail ou entrevista pessoal e o método Delphi, que consiste em combinar as visões de vários especialistas em uma série de rodadas de previsão.

As previsões baseadas em modelos decorrem de uma regra ou modelo que formaliza a relação entre variáveis de interesse. É usual fazer a distinção entre modelos causais e modelos não-causais.

---

[2] Holden, Peel e Thompson, doravante HPT (1990), p. 6.

[3] *Idem.*

Os modelos não-causais são aqueles que dispensam qualquer explicação sobre o mecanismo que gera a variável, simplesmente ocupando-se com a previsão de valores futuros da variável com base em seu comportamento passado, ou seja, projetando para o futuro tendências identificadas em séries históricas. Alguns exemplos de modelos não-causais são:

- modelo de *no-change*, que prediz que o valor futuro da variável será igual a seu valor presente: $Y_t = Y_{t-1}$;
- modelo de *random-walk*, que adiciona um termo aleatório ao modelo de *no-change*: $Y_t = Y_{t-1} + u_t$, onde u_t é o erro clássico ou *white noise*, com média zero, variância constante e ausência de autocorrelação;
- modelos de *time-series*, que visam identificar o *padrão* de comportamento da variável a partir da análise de seu comportamento passado; exemplos:
  modelo de extrapolação linear: $Y_t = a + bt + u_t$;
  modelo de extrapolação não-linear: $Y_t = A\ (1+r)^t\ 10^u$;
  modelo de média móvel: $Y_{n+1} = [Y_n + Y_{n-1} + Y_{n-2}]/3$ (terceira ordem);
- análise de decomposição, que parte da hipótese de que uma série de tempo pode ser dividida em quatro componentes básicos, quais sejam, uma tendência, um termo cíclico, um fator sazonal e um elemento irregular ou residual, os quais podem se relacionar aditiva ou multiplicativamente;
- método de suavização (*smoothing*), no qual as médias ponderadas são formadas de tal modo que às observações mais recentes são atribuídos pesos maiores do que às mais antigas: $F_{t+1} = aY_t + (1-a)\ F_t$, onde a é o peso atribuído a Y_t.

Uma vez que os modelos não-causais repousam na premissa de *ceteris paribus*, eles não provêem orientação sobre os prováveis efeitos de mudanças na política governamental ou na estrutura institucional.[4]

---

[4] *Idem*, p. 8.

Os modelos causais, por outro lado, tentam explicar os eventos econômicos, identificando relações entre diferentes variáveis e utilizam teorias de como os valores das variáveis são determinados. Exemplos de modelos causais na economia são os modelos econométricos, que servem igualmente aos propósitos de predição, avaliação do impacto de políticas econômicas e testagem de teorias.[5]

Na verdade, a diferença essencial entre a análise econométrica e os modelos de séries de tempo repousa no modo como a primeira tem a teoria econômica como seu fundamento. Em alguns casos, os dois tipos de modelos podem parecer bastante similares, mas suas interpretações *são* diferentes:

> *the variables in a time-series model are included only because they have desirable statistical properties and not because of their economic relevance.*[6]

Holden, Peel e Thompson apontam cinco passos na construção de modelos econométricos:[7]

- selecione a teoria correta que explica o comportamento econômico e decida quais são as variáveis de interesse;
- escreva a teoria como uma série de equações, relacionando essas variáveis, com especial atenção para os *leads* e os *lags* nas equações e para as variáveis expectacionais;
- encontre dados sobre as variáveis, mantendo-se tão próximo quanto possível dos conceitos teóricos;
- use as técnicas econométricas apropriadas para estimar os valores numéricos dos parâmetros desconhecidos das equações;
- estimadas as equações, derive predições de valores futuros das variáveis exógenas e utilize-os para obter a previsão

---

[5] Há uma vasta literatura mostrando que a econometria não tem servido a nenhum desses propósitos eficientemente. Ver, por exemplo, Reedman (1994), McAleer, Pagan e Volker (1985), Leamer (1983) e Alchian (1980).

[6] "as variáveis em um modelo de séries temporais são incluídas somente porque têm propriedades estatísticas desejáveis e não devido a sua relevância econômica", Holden, Peel e Thompson (1990), p. 29.

[7] *Idem.*

de interesse, ou seja, os valores futuros das variáveis endógenas.

A simplicidade desta receita esconde limitações e complexidades da prática econométrica. Não entraremos, contudo, numa discussão profunda sobre a econometria. Para os nossos propósitos, basta capturarmos, na superfície mesmo das águas, quais são algumas das limitações da econometria e como elas se relacionam com a teoria das propensões.

Previsões econômicas

Um dos grandes benefícios do conhecimento científico é a predição. Desde 1950, as análises de regressão e séries temporais têm sido usadas para previsão econômica, perfazendo um negócio de cem a duzentos milhões de dólares. Essa nova indústria tem uma história que impressiona, inclusive pelo prestígio de prêmios Nobel.[8]

Em 1969, Ragnar Frish ganhou o primeiro prêmio Nobel de economia, parcialmente por ter contribuído para introduzir distúrbios aleatórios nos sistemas dinâmicos deterministas. Em 1980, Lawrence Klein ganhou o prêmio pelo trabalho pioneiro em desenvolver e usar os modelos econométricos para prever tendências econômicas nos Estados Unidos. Em 1989, Trygve Haavelmo também ganhou prêmio Nobel por seu trabalho sobre os fundamentos da teoria da probabilidade na econometria e sua análise de relações econômicas simultâneas. Hoje, os modelos derivados do trabalho de Haavelmo são largamente usados para previsão do curso das economias nacionais e formulação de políticas governamentais.[9]

Em face da forte crença entre os economistas de que os modelos econométricos geram previsões de curto prazo mais acuradas do que as de outros métodos, e que métodos econométricos mais complexos resultam em previsões mais acuradas do que métodos mais simples, J. S. Armstrong procedeu a uma análise de trinta

[8] Wang (1993), p. 78.
[9] Wang (1993), p. 79.

estudos tirados de jornais especializados, e concluiu que a evidência empírica é desoladora: as previsões econométricas nem são mais acuradas que as de outros métodos, nem são melhores do que as de métodos econométricos mais simples.[10] C. Granger mostra também que, em muitos casos, previsões por modelos econométricos de equações simultâneas foram batidas por previsões de modelos simples tipo AR(4). Esses modelos AR, por sua vez, muitas vezes não são melhores do que modelos de extrapolação simples (*naive models*).[11]

Não se pode aceitar a conclusão de que uma extrapolação cega pode enxergar mais do que uma análise econométrica complexa. O que há de errado, então? Talvez o fato de estarmos incorrendo num *trade-off* entre aplicação técnica e raciocínio intelectual. Se assim o for, então o sucesso relativo de modelos de extrapolação simples decorrem do fato de que, com eles, temos a *menor trajetória errada* em comparação com os modelos *tecnicamente* complexos. Minimizamos o fracasso, o que não é um resultado consolador. Neste caso, também procede a colocação de Wang:

> *Forecasting is too important to leave to time-series analysts.*[12]

Diríamos, é importante demais para deixarmos *apenas* a analistas de séries temporais, pois, de qualquer forma, precisamos muito deles. Dempster propõe que se distinga estatística técnica de estatística funcional, em que a primeira lida exclusivamente com instrumentos e conceitos usados por muitas profissões e ciências, ao passo que a segunda requer habilidade e conhecimento tanto em técnicas estatísticas quanto nas questões substantivas.[13] De qualquer forma, o veredito é o mesmo: a aplicação mecânica da estatística simplesmente não funciona.

Em seu famoso artigo "Econometric Policy Evaluation: a critique", Robert Lucas desafia os modelos macroeconométricos em

---

[10] *Idem.*

[11] Ver Wang (1993), pp. 72-97.

[12] "Previsão é importante demais para ser deixada a analistas de séries temporais". *Idem*, p. 80.

[13] *Idem.*

duas linhas de argumentação. Primeiro, ele sugere que os modelos existentes são inúteis para avaliar mudanças prospectivas em política econômica.[14] Segundo, ele sugere que os modelos disponíveis não são representações acuradas nem mesmo da estrutura econômica *corrente* (isto é, anterior à mudança). Segundo Kevin Hoover,

> *the first [argument] can be thought of as denying that econometric models typically capture the true causal structure of the economy, and (...) the second (...) can be thought of as denying that the models are identified in the econometrician's usual sense.*[15]

Na verdade, o que o argumento de Lucas novamente coloca em cena é a conhecida tese de que a econometria não pode ser utilizada como um instrumento observacional para a descoberta de relações causais, uma vez que essas relações não são autônomas em relação aos atores sociais, mas derivativas de seus atos e decisões, os quais, por sua vez, são em geral opacos aos instrumentos econométricos.[16] Portanto, há sempre a necessidade de um "holofote" teórico para guiar a observação da realidade econômica por meio da econometria.[17] Veremos isto mais de perto na seção seguinte, com o auxílio de alguns exemplos.

Econometria, séries temporais e propensões[18]

De um modo geral, as técnicas de inferência estatística podem ser bastante úteis na identificação das propensões existentes em determinada situação. A concepção mesma de propensões parece

[14] Aludimos a este ponto anteriormente. *Vide* p. 45 e nota 74.

[15] "o primeiro [argumento] pode ser tomado como a negação de que os modelos econométricos tipicamente capturam a estrutura causal real da economia e (...) o segundo (...) pode ser tomado como a negação de que os modelos estejam identificados no sentido econométrico", Hoover (1994), p. 65.

[16] *Idem*, p. 67.

[17] As observações são sempre seletivas e pressupõem alguma coisa como um princípio de seleção. *Vide*, a propósito, o artigo "O balde e o holofote – Duas teorias do conhecimento", em Popper (1975), pp. 313-332.

[18] Baseado em Wang (1993).

ser suficientemente estatística para suscitar a imagem equivocada de que a econometria tem sido a prática da teoria das propensões. Por várias razões, isso não é verdade.

Uma razão de fundo é que as equações econômicas em geral têm desconhecido as variáveis institucionais do ambiente e o caráter dinâmico dos fenômenos econômicos, sem a consideração dos quais a estimação estatística dificilmente poderá capturar uma propensão do ambiente. Um ponto que Wang (1993) ressalta a propósito da inferência estatística é a distinção entre significância estatística e significância prática. Consideremos o seguinte exemplo.

Uma pesquisa publicada no *Trenton Times* (Nova Jersey, USA) sobre o montante de tempo que os estudantes americanos dedicavam ao dever de casa mostrava que para as pessoas negras o total era de 5,6 horas por semana, comparado com 5,4 horas para as pessoas brancas, e que a diferença total entre estudantes brancos e negros era estatisticamente significante. Diríamos: o tecido social americano é tal que gera uma certa propensão a que os estudantes negros se dediquem mais aos estudos do que os brancos.

Pois bem. Wang mostra que, em um universo "amostral" de 60.000 estudantes, como foi o da referida pesquisa, *qualquer* diferença seria estatisticamente significativa, ao passo que 12 minutos por semana (ou 2 minutos por dia) claramente não têm qualquer significância prática para diferenciar estudantes negros e brancos. Além disso, a pesquisa baseou-se em relatórios feitos pelos próprios estudantes, numa faixa etária de 3 a 34 anos. Dificilmente poderíamos confiar nesses dados como suficientemente acurados para mostrar-nos qualquer disposição existente no ambiente.[19]

Mas, o que é uma diferença "praticamente significante"? A resposta é: depende do problema. Wang dá um exemplo:

> *Let X and Y be the price tags of something unknown, and assume that Y-X = 15 cents. Is this difference practically significant? It depends. If we are talking about the auto insurance premiums charged by two different companies, then the difference is not significant. On the other hand, if we are talking*

[19] Wang (1993), p. 1.

about the increment of the postage of an ordinary letter, then the difference is highly significant.[20]

Os testes de diagnóstico disponíveis, por sua vez, têm-se revelado expedientes inadequados para se avaliar o grau de ajustamento do modelo em regressões ou análises de séries temporais. Muitos pacotes estatísticos, diz Wang, oferecem regressões e modelação de séries de tempo automáticas. Os procedimentos são baseados na busca da melhor escolha dentro de um rol de estatísticas de diagnóstico. Neste tipo de modelação, tudo que se tem a fazer é entrar com os dados e o computador fará todo o resto. Para os *insiders*, tais práticas geram verdadeiros modelos de caixa-preta que descrevem relações muito frouxas entre os insumos e os resultados e lançam pouca luz no mecanismo real que gerou os dados.

Wang cita um experimento de D. Freedman que imita uma prática comum em análises de regressão, onde o mecanismo subjacente é relativamente desconhecido. Freedman gerou uma matriz com 100 linhas (dados) e 51 colunas (variáveis), de tal forma que *todas as entradas na matriz eram puro* noise (independentes, identicamente distribuídas e normais). A última coluna da matriz foi tomada como sendo a variável dependente Y em uma equação de regressão e o resto como variáveis independentes.

Rodando o modelo em duas regressões múltiplas sucessivas, o resultado foi o seguinte:

$$R^2 = 0{,}36;\ P = 5 \times 10^{-4};$$

14 coeficientes foram significativos no nível de 25%;

6 coeficientes foram significativos no nível de 5%.

[20] "Sejam X e Y etiquetas de preços de algo desconhecido e suponha que Y-X = 15 centavos. Esta diferença é praticamente significante? Depende. Se estivermos falando de prêmios de seguro para automóvel cobrados por duas empresas diferentes, a diferença não é significante. Por outro lado, se estivermos falando sobre o aumento na postagem de uma carta simples, então a diferença é altamente significante", *idem*, p. 4.

Uma vez que o R^2 e muitos coeficientes mostraram-se significativos na equação de regressão, *o resultado foi o estabelecimento de uma relação tipo-lei entre* ... noise *e* noise![21]

Sem a devida consideração do que se está fazendo, esses testes de diagnóstico podem facilmente levar ao estabelecimento de relações fantasmas em análises de regressão e séries temporais. Quando Fisher e Neyman desenvolveram suas teorias para testes estatísticos, os procedimentos claramente requeriam que o ponto de partida fosse modelos claramente definidos, derivados de um bom grau de conhecimento sobre o problema. A seqüência lógica – modelo → testes – foi invertida de tal modo que os dados são pobremente compreendidos e os pesquisadores usam os testes de diagnóstico tanto para *gerar* quanto para *justificar* um modelo, muitas vezes descrevendo uma relação que sequer existe.[22]

No prefácio ao livro *Statistics* (de Freedman, Pisani e Purves), os autores escrevem o seguinte:

> *Why does this book include so many exercises that cannot be solved by plugging into a formula? The reason is that few real-life statistics problems can be solved that way.*[23]

Este alerta deveria ser repetido freqüentemente, para evitar-se incorrer no erro de confundir teoria da decisão estatística com teoria da decisão ordinária, o que é feito o tempo todo em livros estatísticos para negócios.

A importância de um fundamento teórico como a análise situacional/teoria das propensões para a análise estatística (análise de séries temporais e econometria, principalmente) não deve ser subestimada, porque é virtualmente impossível recuperar por meio de instrumentos estatísticos qualquer processo real que tenha gerado os dados. Nas palavras de Hoover,

---

[21] Wang (1993), p. 9.

[22] *Idem*, p. 10.

[23] "Por que este livro inclui tantos exercícios que não podem ser resolvidos pela aplicação direta de uma fórmula? A razão é que poucos problemas estatísticos da vida real podem ser resolvidos desta forma", *idem*, p. 10.

> *only on the merest chance would we estimate a relation structurally identical to the data-generating process. Only on such a chance would we directly measure the underlying reality. And, what is more, since nothing in our estimate certifies its truthlikeness, we would never be completely sure that we had estimated the data-generating process.*[24]

Consideremos o seguinte relato de um experimento procedido por Wang junto a seus alunos da classe de regressão.

Wang gerou um conjunto de 22 *triplets* Y, X_1 e X_2 e deu-o aos alunos para que estes ajustassem os dados a uma equação, sem que o mecanismo gerador dos dados fosse revelado. Qualquer método era permitido, sabendo-se *a priori* que Y era uma função de X_1 e X_2 e não havia correlação serial entre os dados, de modo que o teste de Durbin-Watson e a modelação dos resíduos por séries temporais não eram necessários.

Os alunos plotaram os dados em diagramas de dispersão que indicavam que uma simples função algébrica seria suficiente. No entanto, os alunos foram mais fundo e tentaram diferentes transformações das variáveis. Alguns dos modelos apresentados foram:

MODELO **R^2**

$Y = (0{,}199)\,X_1^2 + (0{,}420)\,X_2^2$ 96,36%
P: 0,0001 0,0001

$Y = (0{,}897)\,X_1 + (0{,}525)\,X_2$
99,93%
P: 0,0001 0,0001

$\log(Y) = (-0{,}60) + (0{,}9)\sqrt{X_1} + (0{,}18)\,X_2$ 98,29%
P: 0,0001 0,0001 0,0001

[24] "somente por acaso poderíamos estimar uma relação estruturalmente idêntica ao processo gerador dos dados. Somente por acaso poderíamos medir diretamente a realidade subjacente. E mais, uma vez que nada em nossa estimativa assegura sua verossimilhança, nunca poderíamos estar certos de ter estimado o processo gerador dos dados", Hoover (1994), p. 73.

$$Y = (0{,}247) + (0{,}914)\,X_1 + (0{,}0897) * \exp(X_2) \qquad 98{,}46\%$$

$$P: \quad 0{,}0001 \quad 0{,}0001 \quad 0{,}0001$$

$$\log(1/(Y-1)) = (0{,}70) + (-0{,}36)\,X_1 + (-0{,}29)\,X_2 \qquad 97{,}08\%$$

$$P: \quad 0{,}0001 \quad 0{,}0001 \quad 0{,}0001$$

Foi também exigido dos alunos que utilizassem um grupo abrangente de testes de diagnóstico, incluindo Box-Whisker plots, teste de normalidade de Shapiro-Wilk, F-test, matriz de correlação dos parâmetros estimados, etc. Esses testes indicaram que os modelos apresentados anteriormente eram todos bons. Além disso, os R^2 desses modelos estavam acima de 96%, o que indica um poder explicativo maior do que a maioria dos estudos em ciências sociais.

Em suma, tudo parecia mostrar que esses modelos funcionariam bem, pelo menos para os propósitos de predição. Feito o exercício, os alunos quiseram saber qual havia sido o mecanismo gerador dos dados. Wang então revelou que ele havia desenhado 22 triângulos retângulos, tal que:

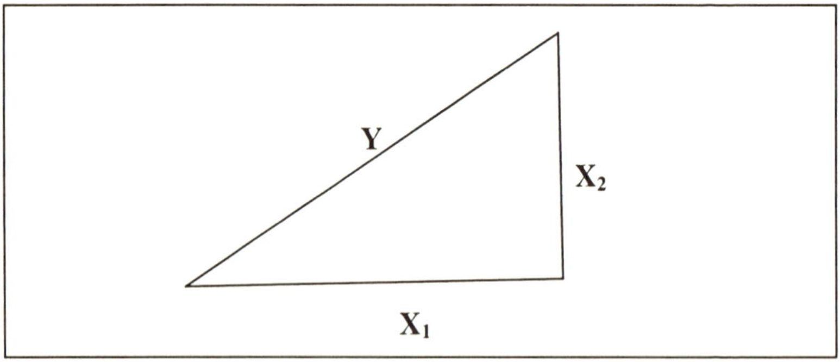

A tarefa dos alunos seria redescobrir, a partir dos dados, o Teorema de Pitágoras, e todos falharam! Wang conclui:

> *This experiment led me to coin a new term "amoeba regression", meaning that the causal structures "discovered" by such regression tecniques may be as structurelless as an amoeba.*

> *The experiment also forced me to ponder the role of statistical modeling in social sciences research.*[25]

A questão não é abrir mão dos instrumentos estatísticos que foram desenvolvidos, e muito menos dos pacotes de computação, pois todos os problemas que detectamos derivam-se não de sua concepção, mas de sua má utilização. O que se precisa fazer, na verdade, é desenvolver técnicas de aprendizagem que treinem os pesquisadores em situações nas quais a aplicação dos métodos estatísticos não seja uma solução mecânica, mas um instrumento *coadjuvante* poderoso na *análise* do problema.

Na aplicação da análise situacional/teoria das propensões, particularmente, pela imperiosidade de se considerar a interação dinâmica de múltiplos fatores, as técnicas de inferência estatística não podem ser utilizadas como "máquinas de detectar propensões". Simplesmente não funciona dessa maneira, como o restante do experimento de Wang mostra.

O experimento de Wang não comportaria transformações sofisticadas, a exemplo da celebrada transformação de Box-Cox. *Por curiosidade*, ele fez uma nova análise de regressão, elevando a variável Y ao quadrado e depois ajustando a expansão de Taylor de segunda ordem:

$$Y^2 = -0{,}125 + (0{,}12)\,X_1 + (0{,}28)\,X_2 + (0{,}99)\,X_1^2 + (0{,}96)\,X_2^2 + (-0{,}07)\,X_1 * X_2$$

P: 0,80 0,67 0,46 0,0001 0,0001 0,28

Como somente os termos quadráticos são estatisticamente significantes, ele reajustou os dados da seguinte maneira:

$$Y^2 = (1{,}007)\,X_1^2 + (1{,}02488)\,X_2^2$$

P < 0,0001 0,0001

SE: 0,00308 0,01229

---

25 "Este experimento levou-me a cunhar o novo termo "regressão-ameba", significando que as estruturas causais "descobertas" por tais técnicas de regressão podem ser tão carentes de estrutura quanto uma ameba. O experimento também me forçou a refletir sobre o papel da modelaçao estatística na pesquisa das ciências sociais", *idem*, p. 76.

Esse modelo passa no escrutínio dos testes de diagnóstico com um R^2 de 99,99%, e praticamente recupera a fórmula pitagoreana. Mas há graves problemas em usar a expansão de Taylor e a análise de regressão para "descobrir" relações estruturais. Primeiro, mediante qual critério poderíamos saber que o último modelo é melhor do que os outros, se os anteriores performaram bem em todos os testes? Segundo, se os lados do triângulo não são ortogonais, então:

$$Y^2 = X_1^2 + X_2^2 - 2 * X_1 * X_2 * \cos \theta$$

onde θ é o ângulo entre os vetores X_1 e X_2. As chances de que uma regressão redescobrisse essa fórmula são mínimas. O raciocínio intelectual disciplinado ainda é uma alternativa melhor.

Talvez o obstáculo mais importante para a estimação de modelos dos processos econômicos seja o chamado "problema da identificação". A raiz desse problema é a seguinte: a teoria econômica usa variáveis observáveis para descrever processos econômicos que resultam de interação entre variáveis não-observáveis; ocorre que sem informações adicionais às constantes do modelo é impossível inferir sobre o comportamento das variáveis não-observáveis a partir do comportamento das variáveis observáveis.[26]

O exemplo clássico do problema da identificação é o sistema de equações simples em que a oferta planejada é uma função crescente do preço apenas e a demanda planejada é uma função decrescente do preço apenas. Juntas, essas funções determinam um resultado observável de equilíbrio – a quantidade vendida. O problema da identificação é que, observando-se uma combinação única de preço e quantidade vendida, não é possível inferir quais são as funções de oferta e demanda subjacentes. Koutsoyiannis chama o problema da identificação de "paradoxo da identificação", pois

> *if we want to measure a given function belonging to a simultaneous-equations model, the function must be fairly stable over the sample period, that is, it must shift within a smaller range as compared with other relationships of the same model: we can measure the demand function if it is fairly stable while*

---

[26] Hoover (1994), p. 68.

> *the supply function shows adequate variability. This condition is fulfilled if some factors* ***not included*** *in the demand function change considerably, causing a shift in the supply (or in other relevant equations). We are able to identify a function by what variables it* ***does not include.***
>
> *(...)*
>
> *This may be called the* ***paradox of identification:*** *the identification of a function depends on variables* ***absent*** *from it, while at the same time being operative in the other function(s) of the model.*[27]

Formalmente,

> *We say a model is identified if it is in a unique statistical form, enabling unique estimates of its parameters to be subsequently made from sample data.*[28]

Se um modelo não estiver identificado, então os valores dos parâmetros das relações, estimados em amostras, podem-se referir ao modelo em questão, ou a um outro modelo, ou a uma mistura de modelos, e daí não se pode derivar qualquer propensão.

A propósito do uso de modelos de regressão, Wang faz uma distinção importante entre modelos estruturais que se vinculam

---

[27] "se queremos medir uma dada função pertencente a um modelo de equações simultâneas, a função deve ser razoavelmente estável ao longo do período 'amostral', ou seja, ela deve deslocar-se dentro de um intervalo pequeno em comparação com outras relações do mesmo modelo: podemos medir a função de demanda caso ela seja razoavelmente estável enquanto a função de oferta mostra variabilidade adequada. Esta condição é satisfeita se alguns fatores *não incluídos* na função de demanda variam consideravelmente, causando um deslocamento na oferta (ou em outras equações relevantes). (...) Isto pode ser chamado de *paradoxo da identificação:* a identificação de uma função depende de variáveis *ausentes* dela, mas que ao mesmo tempo sejam operativas em outras funções do modelo. Somos capazes de identificar uma função pelas variáveis que ele *não inclui*", Koutsoyiannis (1988), p. 349, grifos do autor.

[28] "Dizemos que um modelo está identificado se estiver em uma forma estatística única, permitindo a elaboração de estimativas únicas dos parâmetros a partir dos dados 'amostrais'". Koutsoyiannis (1988), p. 346, grifos do autor.

estreitamente a uma teoria sobre como os dados foram gerados (ou seja, uma teoria explicativa) e modelos meramente descritivos que são pouco mais do que refinamentos do senso comum.[29] C. Glymour alerta para a utilização indiscriminada dos métodos estatísticos:

> *Today, statistical methods are applied to every public issue of any factual kind. The meetings of the American Statistical Association address almost every conceivable matter of public policy, from the safety of nuclear reactors to the reliability of the census. The attempt to extract causal information from statistical data with only indirect help from experimentation goes on in nearly every academic subject and in many nonacademic endeavors as well. Sociologists, political scientists, economists, demographers, educators, psychologists, biologists, market researchers, policy makers, and occasionally even chemists and physicists use such methods.*[30]

David Freedman alega que as regressões múltiplas, tais como as comumente empregadas nas ciências sociais, pecam por vários defeitos. Primeiro, muitos modelos são destituídos de conteúdo intelectual; não são derivados do conhecimento substantivo sobre o problema, mas antes inferidos dos dados ou simplesmente pressupostos. Segundo, não se dá muita atenção às premissas estocásticas dos modelos, as quais, ademais, não se aplicam a muitos problemas em ciências sociais; se as premissas estocásticas não são obedecidas, contudo, os resultados computacionais nada descrevem. Terceiro, modelos estatísticos complicados são mais uma

---

[29] *Idem*, p. 77.

[30] "Hoje, os métodos estatísticos são aplicados a todo assunto público, de qualquer tipo. Os encontros da American Statistical Association discutem quase todo tipo de matéria concebível de políticas públicas, desde a segurança dos reatores nucleares até a confiabilidade do censo. A tentativa de extrair informação causal dos dados estatísticos com auxílio apenas indireto de experimentos ocorre em quase todas as disciplinas acadêmicas e também em muitas tarefas não-acadêmicas. Sociólogos, cientistas políticos, economistas, demógrafos, educadores, psicólogos, biólogos, analistas de mercado, formuladores de políticas públicas e, ocasionalmente, até químicos e físicos usam tais métodos", *apud* Wang (1993), p. 81.

fonte de incerteza do que um instrumento para lidar com ela; ao invés de resolver problemas reais, esses modelos jogam-nos para baixo do tapete. Quarto, esses modelos simplesmente não geram predições significativas. E conclui:

> *Investigators need to think more about the underlying social processes, and look more closely at the data, without the distorting prism of conventional (and largely irrelevant) stochastic models.*[31]

É em relação a essa necessidade de maior investimento na pesquisa do *processo de formação dos eventos sociais* que a análise situacional/teoria das propensões vem se apresentar, chamando atenção para a especificidade de cada situação econômica e mostrando que as tendências que se possam identificar em cada uma são o resultado da interação de múltiplos fatores, principalmente os de ordem institucional. Se os modelos estatísticos puderem representá-los adequadamente, então a análise se favorecerá de todos os benefícios e conveniências que os números concedem. Mas se essa representação não for adequada, é melhor ter em mente que não buscamos números. Buscamos propensões.

[31] "Os pesquisadores precisam pensar mais sobre os processos sociais subjacentes e olhar mais de perto para os dados, sem o prisma distorsivo dos modelos estocásticos convencionais (e amplamente irrelevantes)", *apud* Wang (1993), p. 87.

À guisa de conclusão

Segundo Alvin Tofler, uma das habilidades mais desenvolvidas da civilização ocidental contemporânea é a dissecação, a partição dos problemas em seus menores componentes possíveis. Somos tão bons nisso, diz Tofler, que freqüentemente nos esquecemos de colocar as peças juntas de novo.[1]

O que discutimos neste trabalho foi uma tentativa de aprender como agregar peças novas ao grande quebra-cabeças da ciência econômica e, sobretudo, como juntar essas peças em um quadro verossímil da realidade.

Trata-se de um desafio teórico que se insere no esforço, por certo ainda desordenado, de alargamento do domínio da ciência econômica pela formulação de novos problemas e, sobretudo, pela proposição de novos métodos e hipóteses. Decorre também da necessidade de se construir uma visão mais completa das sociedades humanas em sua lida pela sobrevivência material, criando e incorporando novos instrumentos teóricos e passando a considerar, além de quantidades e proporções, também formas e composições intrincadas de peças variadas.

Não é uma tarefa que se possa esgotar em poucas páginas. Na verdade, as idéias que aqui colocamos podem ser desenvolvidas em seus subproblemas específicos e sob as diversas perspectivas – notadamente a filosófica, a econômica e a estatística – que congregamos "de um único fôlego".

Importa destacar que a estrutura combinada de análise situacional e teoria das propensões que aqui discutimos não foi ainda aplicada de forma sistemática à ciência econômica. Não contamos, pois, com o benefício da evidência. Sabemos que a utilidade de

---

[1] Em Prigogine e Stengers (1984), p. xi.

uma teoria repousa em suas aplicações empíricas e que o trabalho teórico é justificado, a longo prazo, somente se ele permite a derivação de respostas aos problemas reais que antes não tinham resposta alguma.[2] Por enquanto, só temos a circunstância atenuante de ser esta proposta uma base para trabalhos futuros, que, esperamos, vão gerar bons frutos em relação às questões econômicas que aqui colocamos.

Acreditamos que uma teoria verdadeiramente abrangente dos processos econômicos deve permitir a consideração não apenas do comportamento que se expresse mediante referência a funções de distribuição estocástica, mas também de diferentes padrões comportamentais, mesmo daqueles que não sejam consistentes com nenhuma distribuição conhecida e, portanto, não passíveis das análises numéricas convencionais.

A publicação em 1921 de *Risk, Uncertainty and Profit,* de Frank Knight, foi um ponto de partida para a gênese de uma economia realmente probabilística, tendo o conceito de incerteza ganho significado, refinamento e operacionalidade. A tese principal do trabalho de Knight é que a incerteza tem de fato dois componentes, o "risco" e a "incerteza real", cuja consideração explícita é fundamental para se entender o papel do empresário na economia de mercado capitalista, a natureza do lucro nesse sistema e a interação de variáveis econômicas na determinação do produto.[3]

Mas a inclusão de componentes estocásticos na economia até agora significou pouco mais do que a lida com os elementos de risco da realidade econômica, e não os de incerteza real, na medida em que uma estrutura explícita de expectativas foi forçada para dentro do modelo com a função de *não* alterar-lhe as conclusões básicas.[4] Apesar de a elaboração de modelos incorporando elementos estocásticos para representar a incerteza inerente ao sistema fornecer um quadro mais verossímil do processo econômico do que um modelo de equilíbrio geral não-estocástico, muitos economistas, a exemplo de Shackle, de forma alguma consideram este

---

[2] Katzner (1983), p. xii.

[3] McCann (1994), p. 61.

[4] *Idem*, p. 18.

procedimento como o melhor método de análise, pois os aspectos verdadeiramente probabilísticos são omitidos e os fatores desconhecidos, que podem exercer uma forte influência no processo, estão por princípio fora da reflexão.[5]

A análise da incerteza real requer que saibamos lidar com os eventos singulares da estrutura econômica e com a evolução que se constrói no tempo contínuo a partir de múltiplas possibilidades reais. Cada evento que se concretiza fecha janelas no passado e abre outras de frente para o futuro, sem contudo determinar *a priori* que paisagens serão favorecidas.

Quando olhamos para os instrumentos convencionais de que dispomos para lidar com a incerteza, constatamos que

> *single events (...) are capable of examination only insofar as they are part of a well-defined and homogeneous series or, more accurately, a homogeneous reference class. The single event has for Richard von Mises, another of the leading expositors of the frequency view, 'no "probability" at all', since the collective of which it is a part has not been defined (...). When addressing the probability or improbability of events, reference must be made to the series of the collective or the reference class.*[6]

Mas a economia envolve precipuamente processos únicos em que eventos históricos contingentes redirecionam constantemente o curso da situação. Se este é o caso, em que companhia haveremos de ficar? O conceito de propensões introduz uma entidade social "disposicional" que explica a formação de eventos singulares como resultando de um processo de interações, indeterminado *a priori*, entre diversos tipos de elementos.

---

[5] *Idem*, p. 19.

[6] "eventos singulares são passíveis de exame somente na medida em que sejam parte de uma série bem definida e homogênea ou, mais precisamente, de uma classe de referência homegênea. O evento singular não tem, para Richard von Mises, outro dos maiores proponentes da visão freqüentista, nenhuma probabilidade, uma vez que o coletivo do qual é parte não está bem definido (...). Quando se tratar da probabilidade ou improbabilidade de eventos, referência deve ser feita à série do coletivo ou da classe de referência", McCann (1994), p. 35.

Nesse sentido, as propensões são propriedades relacionais da organização social como um todo. Aliada ao método de análise situacional, a teoria das propensões pode ser capaz de abrir um dos portais da cidadela econômica para permitir a desejada invasão bárbara. Ela permite a abordagem sobretudo dos processos de evolução dinâmica e *path dependence*, a exemplo do desenvolvimento econômico e da inovação tecnológica. Nas palavras de Prigogine:

> *Clearly, a social system is by definition a nonlinear one, as interactions between the members of the society may have a catalytic effect. At each moment fluctuations are generated, which may be damped or amplified by society. An excellent example of a huge amplification (...) is the acquisition of knowledge. (...) Instead of seeing human systems in terms of 'equilibrium' or as a 'mechanism', we see a creative world of imperfect information and shifting values, in which different futures can be envisaged.*[7]

Muitos poderão argüir, é verdade, que os elementos que aqui trazemos simplesmente não existem. Coisas como "propensões", "propriedades disposicionais", "forças sociais" soam mais como entidades ocultas de um vocabulário místico. Se até mesmo o fenômeno dos retornos crescentes foi negado até data tão recente quanto 1980, que se dirá dos elementos aqui levantados? Brian Arthur coloca que

> *in March 1987 I went to my old university, Berkeley, to have lunch with two of its most respected economists. What was I working on? Increasing returns. "Well, we know that increasing returns don't exist", said one. "Besides, if they do," said the other, "we couldn't allow them. Otherwise every two-bit*

[7] "Claramente, um sistema social é, por definição, um sistema não-linear, na medida em que as interações entre os membros de uma sociedade podem ter um efeito catalítico. Flutuações são produzidas a cada momento, as quais podem ser sufocadas ou ampliadas pela sociedade. Um exemplo excelente de grande amplificação (...) é a aquisição de conhecimento. (...) Ao invés de conceber os sistemas humanos em termos de 'equilíbrio' ou como um 'mecanismo', nós vemos um mundo criativo de informação imperfeita e valores mutantes, nos quais diferentes futuros são vislumbrados". Prigogine, *apud* Buchanan e Vanberg (1994), p. 329.

> *industry in the country would be looking for a handout." I was surprised by these comments. Increasing returns did exist in the real economy, I believed. And while they might have unwelcome implications, that seemed no reason to ignore them.*[8]

Nossa posição é semelhante à de Arthur. *Acreditamos* que a estrutura econômica é muito mais do que a disciplina econômica tem conseguido descrever; e mesmo que as repercussões dessa admissão sejam desconfortantes e subversivas para um estado de coisas bem estabelecido, isso não é razão para ignorarmos os problemas. Não ignorá-los é o primeiro passo para o seu enfrentamento.

O problema não é, conforme coloca Brian Arthur, que os economistas individualmente sejam hostis a novas idéias. A falta de abertura decorre antes da crença profundamente arraigada em nossa profissão de que a economia consiste de deduções rigorosas a partir de um conjunto fixo de princípios "fundacionais" sobre o comportamento e as instituições econômicas. O círculo vicioso ocorre mais ou menos da seguinte forma:

> *At any time in the profession, a standard set [of assumptions] seems to dominate. These are often originally adopted for analytical convenience but then become used and accepted by economists mainly because they are used and accepted by other economists. Deductions based on different assumptions then look strange and can easily be dismissed as "not economics". (...) This state of affairs deter many economists, especially younger ones, from attempting approaches or problems that are different. It encourages use of the standard assumptions in applications where they are not appropriate. And it leaves us*

---

[8] "Em março de 1987 fui a minha antiga universidade, Berkeley, para almoçar com dois de seus mais respeitados economistas. Em que eu estava trabalhando? Retornos crescentes. 'Bem, nós sabemos que retornos crescentes não existem,' disse um deles. 'Ademais, se existem,' disse o outro, 'não podemos permiti-los. De outra forma toda empresa de pequeno porte do país estaria a procura de esmolas.' Fiquei surpreso com esses comentários. Eu acreditava que retornos crescentes existiam de fato na economia real. E ainda que eles tivessem implicações desagradáveis, isto não era razão para ignorá-los". Arthur (1995), p. xi.

open to the charge that economics is rigorous deduction based upon faulty assumptions.[9]

A perversidade desse círculo vicioso está muito bem expressa no excelente posfácio de Buarque (1995), segundo o qual os homens que mudam o próprio destino são aqueles que não se limitam a acertar as respostas, mas também criam as perguntas certas para o momento:

> As velhas perguntas apenas levam a civilização a continuar no rumo anterior; as novas provocam rupturas e forçam a humanidade a dobrar *esquinas civilizatórias.*[10]

Para ele, há séculos de perguntas e séculos de respostas. O século VI a.C. foi um século de perguntas que ainda não existiam claramente e que foram formuladas pelos filósofos gregos. O século XVIII também foi um tempo de criação de perguntas sobre o mundo, especialmente sobre o destino do homem. O século XX foi um século de respostas a perguntas que já estavam feitas: como descrever o mundo pelas ciências físicas, como manipular a natureza pelas técnicas e como construir uma sociedade de abundância pela economia. O momento atual é de dúvidas, em que se deve formular perguntas novas, suscitar dúvidas, provocar insatisfação.[11]

No fechamento do que se discutiu ao longo deste trabalho, vale a pena deixar ecoando as palavras de Brian Arthur:

---

[9] "em qualquer tempo na profissão, um conjunto oficial [de pressupostos] parece predominar. Em geral estes são originalmente adotados por conveniência analítica, mas depois passam a ser usados e aceitos pelos economistas principalmente porque são usados e aceitos por outros economistas. Deduções baseadas em pressupostos diferentes parecem então estranhas e podem ser facilmente rejeitadas como "não econômicas"(...). Esse estado de coisas impede muitos economistas, especialmente os mais jovens, de tentarem abordagens e problemas diferentes. Ele encoraja o uso de pressupostos convencionais em aplicações nas quais não são apropriados. E ele deixa-nos vulneráveis a que a economia seja dedução rigorosa baseada em pressupostos falhos". Arthur (1995), p. xix.

[10] Buarque (1995), p. 117.

[11] *Idem*, pp. 117-118.

At this stage of its development economics does not need orthodoxy and narrowness; it needs openness and courage.[12]

[12] "Neste estágio de seu desenvolvimento, a economia não precisa de ortodoxia e estreiteza; ela precisa de abertura e coragem". Arthur (1995), p. xix.

Apêndice A

Propensões$_1$, elasticidades e propensões$_2$

O termo "propensão" já é correntemente usado na ciência econômica para designar certas medidas de "responsividade", a exemplo da "propensão marginal a consumir" (ou a poupar), que expressa o acréscimo observado no consumo (poupança) quando a renda disponível cresce em uma unidade monetária:

$$c = \Delta C/\Delta Y \qquad\qquad s = \Delta S/\Delta Y$$

Estreitamente relacionado ao conceito econômico de propensão é o conceito de "elasticidade" (*e.g.*, elastidade-preço da demanda), que mede a alteração percentual no valor de uma variável (demanda) em resposta à alteração de um ponto percentual no valor de outra (preço):

$$\varepsilon = \Delta q/\Delta p * p/q$$

Ainda que possam fornecer evidência sobre as propensões existentes em uma situação, no sentido da teoria das propensões, os conceitos de propensão e elasticidade usados na economia têm natureza diversa do que aqui definimos como propensão. Na economia, as propensões e elasticidades são relações estritamente estatísticas entre agregados quantitativos, que não pedem qualquer explicação ulterior sobre o mecanismo que lhes deram ensejo. São, por assim dizer, rótulos para referenciar fenômenos já bem conhecidos, não conceitos para explicar a emergência e a transformação dos processos econômicos.

Apêndice B

Análise situacional e pesquisa subjetiva

Conforme colocamos anteriormente, ao tratarmos da análise situacional, as situações (ou conjunto de condições *S*) são desenhadas mediante referência a estados mentais (subjetivos), materiais ou institucionais (objetivos) do ambiente.

Há quem pense que a noção de "ciência" implica a eliminação dos dados subjetivos – uma ciência digna desse nome não poderia formular proposições que descrevessem os estados subjetivos de um indivíduo, uma vez que tais estados são por definição inobserváveis. Não se trata de uma afirmação justa, pois os enunciados relativos aos estados subjetivos de um indivíduo podem ser tão exatos e objetivos quanto os enunciados das ciências da natureza. Assim, proposições como "a mãe deu uma bofetada no filho porque estava irritada" ou "foi a imprudência que esteve na origem deste incêndio" podem ser tão corretas como a proposição segundo a qual as tampas das chaleiras se levantam quando a água atinge 100 °C.[1] É preciso não confundir *objetividade* com *exterioridade*.[2]

Isso posto, é verdade que os estados mentais são, de longe, os mais difíceis de serem identificados, envolvendo procedimentos técnicos de elevado grau de complexidade quando muitos agentes estão envolvidos. Devemos notar, contudo, que existe um expediente que em muitos casos pode "fazer as vezes" da pesquisa subjetiva. Trata-se da conjunção do princípio de racionalidade com uma

[1] Boudon (1995), p. 37.

[2] *Idem*, p. 41.

delimitação adequada das condições objetivas, permitindo-nos inferir os componentes subjetivos relevantes para o problema.

Uma aplicação fértil desse expediente pode ser feita na economia quando há elementos expectacionais importantes envolvidos, a exemplo da determinação dos níveis de investimento pelas empresas. Nesses casos, os empresários costumam elaborar seus planos mediante consideração das condições objetivas do ambiente econômico (incluindo o grau de permanência dessas condições), muitas vezes com a contratação de *experts* ou consultores econômicos. Partindo da hipótese de que os empresários almejam a obtenção de *algum* lucro (máximo, satisfatório, etc.), podemos analisar as condições objetivas do ambiente (crédito, infra-estrutura, mercado consumidor, proteção aos direitos de propriedade, etc.), as condições objetivas de ambientes alternativos, e o grau de liberdade dos empresários na escolha do ambiente em que se realizará o novo investimento, e, com base nessas informações, tomar como boa aproximação das decisões reais a decisão que um empresário tomaria se as únicas variáveis relevantes fossem essas. É uma forma conveniente de contornar os problemas da aferição de variáveis subjetivas e que pode gerar bons resultados em relação a muitos problemas econômicos. *No entanto, sua aplicação só é válida se não tivermos evidência de que componentes subjetivas específicas concorrem de forma importante na determinação do resultado final.*

Apêndice C

Propensões e seqüências virtuais

Giere (1973) argumenta que um dos conceitos originalmente propostos por Popper é desnecessário e pouco significativo para a análise em termos de propensões. Trata-se da idéia de que as propensões podem ser interpretadas como elementos de uma distribuição de probabilidades que se forma em *seqüências virtuais* de experimentos. A intenção de Popper ao conceber a idéia de seqüências virtuais foi de não romper com a interpretação usual, que, do seu ponto de vista, é essencialmente correta, mas não se aplica à análise de eventos singulares. Com a introdução do conceito de seqüências virtuais, Popper concilia a sua interpretação em termos de propensões com a abordagem das probabilidades em termos de freqüências relativas. Para Giere, a inclusão desse conceito pode ser evitada sem prejuízo para os propósitos da teoria.

Parece-nos, contudo, que o conceito de seqüências virtuais não pode ser facilmente dispensado. Senão vejamos.

W. W. Bartley relata que quando Popper apresentou sua teoria das propensões pela primeira vez, em 1957, na Universidade de Bristol, R. B. Braithwaite comparou-a com a teoria "would-be" ou "habit" de C. S. Peirce. Mas, comenta, há importantes diferenças entre ambas:

> *For example, just as a field of force may be physically present even when there is no (test) body on which it can act, so a propensity may exist for a coin to fall heads even though it falls only once, and on that occasion shows tails. There may indeed be a propensity without any fall at all. The most important difference from Peirce's theory, stressed by Popper in 1957, is*

> *his relational theory of propensity (...). The relational view is clearly a considerable improvement: the death of a sick person may be greatly reduced (or greatly increased) by the invention of a new therapy. And the propensity (half-life) of an atomic nucleus to disintegrate may be radically increased by, say, bombarding it with slow neutrons.*[1]

Tendo-se em mente que a teoria das propensões é basicamente uma teoria relacional, no sentido de que ela deriva as propensões de relações que se processam entre os elementos de uma situação, a idéia de seqüências virtuais nos permite conceber a propensão *r* como uma propriedade que se observará sempre e quando a situação *S* vier a ocorrer. Portanto, mesmo que estejamos tratando de um evento histórico *e* ocorrido em uma situação *S* singular tal que não se espere que venha a ocorrer novamente, é teoricamente fértil conceber *e* como parte de uma seqüência virtual de experimentos *S*, tal que sempre que *S* ocorra, *e* também ocorrerá com uma probabilidade *r*. O conceito de seqüência virtual é teoricamente fértil (ainda que operacionalmente inócuo) porque possibilita a derivação de axiomas bem fundamentados para a teoria das propensões, em sua versão matemática para aplicação aos problemas que se submetem a formalização.

Conforme coloca Popper, há duas fórmulas que servem de referência para a discussão de teorias da probabilidade. A primeira é $p(e/S) = r$, ou seja, a probabilidade (relativa) de *e* dado *S* é igual a *r*, onde *r* é alguma fração entre 0 e 1. A segunda é simplesmente $p(e) = r$, isto é, a probabilidade (absoluta) de *e* é igual a *r*.[2] Argu-

[1] "Por exemplo, assim como um campo de força pode estar fisicamente presente mesmo quando não há um corpo (de teste) no qual ele possa atuar, também uma propensão pode existir para que uma moeda caia com a face "cara" mesmo que ela só caia uma vez e que essa ocasião mostre "coroa". Na verdade, pode existir uma propensão sem qualquer lançamento da moeda. A diferença mais importante da teoria de Peirce, enfatizada por Popper em 1957, é sua teoria relacional da propensão (...). A concepção relacional é claramente um aperfeiçoamento considerável: a probabilidade de uma pessoa doente pode ser muito reduzida (ou muito aumentada) pela invenção de uma nova terapia. E a propensão (meia-vida) de um núcleo atômico para desintegrar-se pode ser radicalmente aumentada pelo bombardeamento com nêutrons lentos", em Popper (1983), p. 282, n. ed. 2.

[2] Popper (1983), p. 283.

mentamos nos capítulos precedentes em favor de um esquema teórico em termos de análise situacional, que, aplicado à teoria das probabilidades, equivale a adotar precipuamente a primeira fórmula, que explicita uma particular situação *S* na qual a propensão se verificará. Teoricamente, é verdade, podemos falar em propensões absolutas sempre que o evento *e* ocorrer de forma generalizada, espácio-temporalmente. Mas se há casos assim no ambiente econômico, eles são certamente marginais em face do vasto conjunto de eventos que só ocorrem em circunstâncias particulares (recorrentes ou não).

A interpretação clássica das probabilidades define-as como sendo o número de casos favoráveis dividido pelo número de casos possíveis. Portanto, probabilidade na interpretação clássica é uma *medida de possibilidades*, mas que só se aplica se o número de possibilidades (resultados possíveis) for finito e se essas possibilidades forem iguais.[3]

A interpretação em termos de propensões é estreitamente relacionada à interpretação que toma a probabilidade como uma *medida de possibilidades*. Mas essas possibilidades são concebidas não como meros conceitos teóricos para suprir a falta de conhecimento, e sim como tendências reais ou propensões do ambiente para realizar possíveis estados de coisas. A expressão $p(e/S) = r$ significa, então, que as condições S *produzem* a propensão *r* a realizar o resultado *e*.[4]

A interpretação freqüentista das probabilidades pode explicar a probabilidade de *eventos singulares* apenas como gramaticalmente, ou formalmente, singulares, pois atribui uma probabilidade a esse tipo de evento somente enquanto elemento de uma seqüência real de eventos, com uma determinada freqüência relativa. A teoria das propensões, ao contrário, associa um peso a eventos singulares possíveis sem fazer tal exigência.

Agora, para se obter uma *formalização matemática* da teoria das propensões, por outro lado, basta a hipótese mais fraca de que os eventos sejam concebidos como parte de uma seqüência *virtual*

---

[3] Popper (1983), p. 286.

[4] *Idem*, p. 291.

apenas. A situação *S* pode ocorrer uma única vez no ambiente humano, e nunca mais tornar a ocorrer; ainda assim, é razoável conjecturar que as mesmas propensões se verificarão se a situação *S* fosse replicada. Assim, ganhamos a possibilidade de trabalhar probabilisticamente com os eventos históricos em sentido lato, ou seja, aqueles sobre os quais sabemos que não se repetirão ou, pelo menos, que não ocorrerão suficientemente para formar seqüências reais. A teoria das propensões atribui ao evento possível *e* a chance de ocorrência *p(e/S)* considerando as *condições que definiriam essa seqüência virtual*. Nas palavras de Popper,

> *(...)* ***singular probability statements*** *(...)* ***play a central role in the propensity interpretation*** *which sees, as it were, every single case as the outcome of a propensity, or perhaps of contesting propensities (...).*[5]

[5] "(...) *enunciados singulares de probabilidade (...) desempenham um papel central na interpretação em termos de propensões*, que vê cada caso singular como se fosse o resultado de uma propensão, ou talvez de propensões concorrentes (...)". Popper (1983), p. 287.

Apêndice D

A crítica de Lucas e o argumento da "não-invariância"

Segundo Kevin Hoover, em sua implicação para a econometria, a crítica de Lucas é uma variação do problema da identificação, precisamente quando as funções de comportamento estimadas não se mantêm estáveis em face de mudanças de política que não foram consideradas na estimação.[1]

Sob este prisma, a crítica de Lucas nada tem de original e merece o seu nome simplesmente porque Lucas colocou o problema de forma mais incisiva do que qualquer autor anteriormente. O próprio Lucas não reclama originalidade para o seu argumento, ao sugerir que ele já se encontra implícito nos trabalhos de Frank Knight, Milton Friedman e John Muth. Mas há também abordagens explícitas do argumento no famoso ensaio de Trygve Haavelmo *The probability approach in econometrics* (1944) e no artigo de Herbert Simon "Causal ordering and identifiability" (1953).[2]

Lucas elaborou seu argumento como uma implicação da hipótese de expectativas racionais: se as pessoas são racionais (no sentido novo-clássico), quando as regras mudam, e se a mudança é corretamente percebida, as pessoas levarão em conta a mudança ao ajustar o seu comportamento. Mas observe-se que o argumento da não-invariância permanece válido mesmo sem a hipótese de expectativas racionais, pois o que importa é a alteração dos compor-

---

[1] Hoover (1994), p. 68.

[2] *Idem*, p. 69.

tamentos em face de uma alteração institucional, e não que essa alteração *seja correta*. Daí que Hoover faça a seguinte colocação:

> *The important point about the analysis of non-invariance privided by Haavelmo and Simon is to remind us that rational expectations is simply one means by which causal relations may be linked; and, in general, it is the omission of any causal relation related to those remaining that produces non-invariance.*[3]

E conclui:

> *Lucas and his predecessors have, then, diagnosed a problem for economic analysis. We must now turn to proposed cures.*[4]

[3] "O ponto importante sobre a análise da não-invariância elaborada por Haavelmo e Simon é recordar-nos de que a hipótese de expectativas racionais é simplesmente um meio pelo qual relações causais podem ser conectadas; e, em geral, é a omissão de *qualquer* relação causal relacionada com as expectativas que produz a não-invariância", Hoover (1994), p. 69.

[4] "Lucas e seus predecessores diagnosticaram um problema para a análise econômica. Devemos agora voltar-nos para as curas propostas", *idem*.

Apêndice E

Cenários

Na tentativa de contornar "vácuos" que a economia tem deixado na análise do processo econômico, os tomadores de decisão em vários setores da economia têm recorrido à elaboração de cenários como expediente para a análise do curso de uma situação.

Um cenário é definido como uma descrição narrativa de futuros alternativos ou uma estória sobre o curso de ação projetado em um ambiente possível. A intenção é persuadir os tomadores de decisão a se precaverem contra a incerteza por meio de elaboração de estratégias que se adaptem a qualquer campo de possibilidades, de tal forma que a ocorrência de um resultado inesperado seja bastante pequena.[1]

Há diversos tipos de cenários, entre os quais:
Cenário de demonstração, no qual se imagina um particular estado final no futuro e então se descreve uma trajetória plausível de eventos que poderiam levar a esse estado final. O propósito desse tipo de cenário é mostrar que pelo menos uma trajetória pode ser concebida e, portanto, que esse estado final poderia ocorrer, sendo então prudente considerá-lo seriamente.[2] Corresponde à famosa definição dada por H. Kahn e A. J. Wiener:

> *Scenario is hypothetical sequences of events constructed for the purpose of focusing attention on causal processes and decision-points. They answer two kinds of questions: (1) precisely how might some hypothetical situation come about, step by step?*

---

[1] Holden, Peel e Thompson (1990), pp. 134-135.
[2] Mendell (1985), pp. 49-50.

> *and (2) what alternative exist, for each actor, at each step, for preventing, diverting, or facilitating the process?*[3]

Cenário de *driving force*, no qual primeiro se divisa um "espaço de cenário" mediante: a identificação de um conjunto de indicadores macroeconômicos, ou *trends*; a especificação de pelo menos dois níveis distintos para cada um desses indicadores ("elevado", "provável", "baixo"); e o desenvolvimento de uma matriz que inter-relaciona cada macroindicador em cada nível um com o outro. O objetivo é comparar uma ação em diferentes futuros do espaço de cenário.[4]

Segundo Holden, Peel e Thompson, há muitos problemas na implementação da análise de cenários. Pouca evidência existe sobre *como* os cenários devem ser usados, *como* devem ser construídos e *se* eles fornecem bons resultados.[5] A palavra "cenário" é comumente usada para descrever virtualmente qualquer produto do pensamento, de palpites, intenções e expectativas a planos e complexas estratégias de ação.[6] Nesse caso,

> *How can one tell if a scenario is good? Do scenarios have probability? In what sense? Was is the rethoric of scenario writing? How can we decide which scenario to write in a particular policy analysis if, as seems to be true, there is an infinite number of possible futures?*[7]

---

[3] "Cenários são seqüências hipotéticas de eventos construídas com o propósito de chamar atenção para os processos causais e pontos de decisão. Eles respondem a dois tipos de questões: (1) precisamente como pode uma situação hipotética ocorrer, passo a passo? e (2) que alternativas existem, para cada ator, em cada passo, para evitar, desviar ou facilitar o processo?". *Apud* Mendel (1985), pp. 49-50.

[4] Mendell (1985), p. 51.

[5] Holden, Peel e Thompson (1990), p. 136.

[6] Boucher, *apud* Mendell (1985), p. 48.

[7] "Como se pode dizer se um cenário é bom? Os cenários têm probabilidades? Em que sentido? Qual é a retórica da elaboração de cenários? Como pode alguém decidir que cenário escrever em uma particular análise de políticas se, como parece correto, existe um número infinito de futuros possíveis?". Mendell (1985), p. 48.

Na falta de um arcabouço teórico mais adequado, a análise de cenários acaba sendo uma imposição aos formuladores de política econômica que precisam desenvolver uma abordagem holista dos problemas, sob pena de tomarem decisões que gerem outros problemas mais graves ainda. É fácil perceber, contudo, que a análise de cenários é por demais vaga, destituída de qualquer concepção sobre a formação dos eventos econômicos e despojada de fundamentos que orientem a construção de análises minimamente rigorosas. Na busca de maior objetividade, os cenários em geral são montados com base em modelos econométricos e de séries temporais, cujas inferências estatísticas são supostas emprestar alguma solidez à análise. No entanto, como vimos no capítulo 7, essa solidez nem sempre está garantida.

Bibliografia

ABRANTES, Paulo C. C., org. *Epistemologia e cognição.* Brasília: Editora UnB, 1994.

AKERLOF, George A. *An economic theorist's book of Tales.* Cambridge University Press, 1993.

ARTHUR, W. Brian. *Increasing returns and path dependence in the economy.* The University of Michigan Press, 1995.

BARNETT, William, GEWEKE, John, e SHELL, Karl, eds. *Economic complexity: chaos, sunspots, bubbles, and nonlinearity* (Proceedings of the Fourth International Symposium in Economic Theory and Econometrics). Cambridge University Press, 1989.

BARRY, Norman P. "Austrian economics: a dissent from orthodoxy". *Companion to contemporary economic thought*, editado por David Greenaway, Michael Bleaney e Ian Stewart. Nova York: Routledge, 1991, pp. 68-87.

BIANCHI, Ana Maria. "Polemizando: anotações de leitura sobre a crise na ciência econômica". *Estudos econômicos*, vol. 19, nº 2 , 1989, pp. 205-224.

BICCHIERI, Cristina. "Two kinds of rationality". *Post-Popperian methodology of economics: recovering practice*, Neil de Marchi (ed.). Boston: Kluwer Academic Publishers, 1992, pp. 155-188.

BOUDON, Raymond. *Tratado de sociologia.* Rio de Janeiro: Jorge Zahar, 1995.

BOUDON, R. e BOURRICAUD, F. *Dicionário crítico de sociologia.* São Paulo: Ática, 1993.

BOWLES, Samuel. "Post-Marxian Economics". *Interfaces in economic and social analysis*, Ulf Himmelstrand (ed.). Londres: Routledge, 1992, pp. 95-112.

BUARQUE, Cristovam. *A cortina de ouro: os sustos do final do século e um sonho para o próximo.* Rio de Janeiro: Paz e Terra, 1995.

BUCHANAN, James W. e VANBERG, Viktor J. "The market as a creative process". *The philosophy of economics – an anthology,* Daniel Hausman (ed.), 1994. Cambridge University Press.

CALDWELL, Bruce. "Clarifying Popper". *Journal of Economic Literature*, vol. XXIX, março 1991, pp. 1-33.

CARVALHO, Fernando Cardim. "Sobre ordem, incerteza e caos em economia". *Revista Brasileira de Economia,* vol. 48, nº 2, abril/junho, 1994, pp. 179-188, e reproduzido em Silveira, Moreira, Martins e Fuks (1995), pp. 225-243.

COTTA, Alain. *Reflexões sobre a grande transição: a teoria econômica face à crise.* Lisboa: Publicações Dom Quixote, 1983.

CREEDLEY, John. *Economics: an integrated approach.* Londres: Prentice-Hall International, 1984.

CROSS, Rod. "Metaphors and time reversibility and irreversibility in economic systems". *The Journal of Economic Methodology*, vol. 2, nº 1, junho 1995.

DAMÁSIO, João. "Dinâmica econômica e caos: para uma agenda de pesquisa". *Revista brasileira de economia,* vol. 48, nº 2, abril/junho, 1994, pp. 155-178.

DAVID, P. A. "Historical Economics in the Longrun: some implications of path-dependence". *Historical Analysis in Economics.* Graeme Donald Snooks (ed.), Londres: Routledge, 1993, pp. 29-40.

DEGROOT, Morris H. *Probability and Statistics.* Massachusetts: Addison-Wesley Publishing Company, 1987.

ELSTER, Jon. *Marx hoje.* Rio de Janeiro: Paz e Terra, 1989.

FRIEDMAN, Milton. "La metodologia de la economia positiva". *Ensayos sobre economia positiva.* Madri: Ed. Gredos, 1967.

FERNANDES, Marcelo e GLEISER, Ilan. "A questão da dinâmica de preços de ativos financeiros". *Revista Brasileira de Economia,* vol. 48, nº 2, abril/junho, 1994, pp. 235-243.

FOSSAERT, Robert. *Le monde au 21e siècle – une théorie des systèmes mondiaux.* Paris: Librairie Arthème Fayard, 1991.

GALBRAITH, John Kenneth. *A sociedade justa: uma perspectiva humana.* Rio de Janeiro: Campus, 1996.

GEORGESCU-ROEGEN, Nicholas. "Los Modelos Dinámicos y el Crescimiento Económico". *Metodología y crítica económica,* Camilo Dagum (ed.), México: Fondo de Cultura, 1978, pp. 284-319.

GIERE, R. N. "Objective single-case probabilities and the foundations of statistics". *Logic, methodology and philosophy of science*, editado por Patrick Suppes *et al.* Amsterdam: North-Holland, 1973, pp. 467-483.

GRANGER, C. W. J. *Forecasting in business and economics.* Boston: Academic Press, 1989.

HACKING, I. "Propensities, statistics and inductive logic". *Logic, methodology and philosophy of science*, editado por Patrick Suppes *et al.* Amsterdam: North-Holland, 1973, pp. 485-500.

HANDS, D. W. "Popper, the rationality principle and economic explanation". *Economics, culture and education: essays in honour of Mark Blaug*, G. K. Shaw (ed.). Edward Elgar, 1993.

__________. "Falsification, situational analysis and scientific research programs: the Popperian tradition in economic methodology". *Post-Popperian methodology of economics: recovering practice*, Neil de Marchi (ed.). Boston: Kluwer Academic Publishers, 1992, pp. 19-53.

HANNERZ, Ulf. "Cosmopolitas e locais na cultura global". *Cultura global: nacionalismo, modernização e modernidade,* Mike Fetherstone (coord.). Petrópolis: Vozes, 1994.

HANNAH, Leslie. "Cultural determinants of economic performance: an experiment in measuring human capital flows". *Historical analysis in economics*, Graeme Donald Snooks (ed.), Londres: Routledge, 1993, pp. 158-171.

HARTLEY, Keith. "Exogenous factors in neo-classical microeconomics". *Interfaces in economic and social analysis*, Ulf Himmelstrand (ed.). Londres: Routledge, 1992, pp. 51-73.

HAYEK, Friedrich. "The pretense of knowledge". *The essence of Hayek*, Chiaki Nishiyama e Kurt R. Leube (ed.). Stanford: Hoover Institutions Press, 1985, pp. 266-277.

__________. "The complexity of problems of human interactions". *The fatal conceit – the errors of socialism*, W. W. Bartley III (ed.). Chicago: The University of Chicago Press, 1973, pp. 148-150.

__________. "The theory of complex phenomena". *Studies in philosophy of science, politics and economics.* Chicago: The University of Chicago Press, 1967.

HEILBRONER, Robert e THUROW, Lester. *Economics explained: everything you need to know about how the economy works and where it's going.* Nova York: Touchstone Books, 1994.

HENDRY, David F. "Econometrics – Alchemy or science?". *Economica,* vol. 47, novembro 1980, pp. 387-406.

HIMMELSTRAND, U. "Project IDEA – an introduction". *Interfaces in economic and social analysis*, Ulf Himmelstrand (ed.). Londres: Routledge, 1992, pp. 03-16.

HODGSON, Geoffrey "Institutional economics: legacy and new directions". *Interfaces in economic and social analysis*, Ulf Himmelstrand (ed.). Londres: Routledge, 1992, pp. 124-139.

HOLDEN, K., PEEL, D. A. e THOMPSON, J. L. *Economic forecasting: an introduction.* Cambridge University Press, 1994.

HOOVER, Kevin D. "Econometrics as observation: the Lucas critique and the nature of econometric inference". *Journal of Economic Methodology,* vol. 1, nº 1, junho 1994, pp. 65-80.

KATZNER, Donald. *Analysis without measurement.* Nova York: Cambridge University Press, 1983.

KENNEDY, Paul. *Preparando para o século XXI.* Rio de Janeiro: Editora Campus, 1993.

KLAMER, Arjo "Exogenous factors in neo-classical macroeconomics". *Interfaces in economic and social analysis*, Ulf Himmelstrand (ed.). Londres: Routledge, 1992, pp. 74-91.

KOUTSOYIANNIS, A. *Theory of econometrics: an introductory exposition of econometric methods.* Londres: Macmillan Education, 1988.

LAMBERTON, D. "Information economics: threatened wreckage or new paradigm?". *Interfaces in economic and social analysis*, Ulf Himmelstrand (ed.). Londres: Routledge, 1992, pp. 113-123.

LEAMER, Edward E. "Let's take the con out of econometrics". *The American Economic Review,* vol. 73, nº 1, 1983, pp. 31-43.

LEIBENSTEIN, Harvey "Teoria micro-micro, comércio entre agentes e eficiência X". *Economia do futuro: em busca de um novo paradigma,* Kurt Dopfer (ed.). Rio de Janeiro: Zahar Editores, 1979.

MARIS, Bernard. *Des économistes au-dessus de tout soupçon ou la grande mascarade des prédictions.* Paris: Albin Michel, 1990.

MCCANN, Charles R. *Probability foundations of economic theory.* Nova York: Routledge, 1994.

MCALEER, M., PAGAN, A. R. e VOLKER, P. A. "What will take the con out of econometrics?". *The American Economic Review,* vol. 75, nº 3, junho 1985, pp. 293-307.

MOURA, Paulo. *Construindo o futuro: o impacto global do novo paradigma.* Rio de Janeiro: Mauad Consultoria, 1994.

NICHOLAS, Stephen. "The new business history: theory, quantification and institutional change". *Historical analysis in economics,* Graeme Donald Snooks (ed.). Londres: Routledge, 1993, pp. 143-157.

NOWAK, S. "Conditional causal relations and their approximations in the social sciences". *Logic, methodology and philosophy of science,* editado por Patrick Suppes *et al.* Amsterdam: North-Holland, 1973, pp. 765-787.

ONICESCU, O. "Extension of the theory of probability". *Logic, methodology and philosophy of science,* editado por Patrick Suppes *et al.* Amsterdam: North Holland, 1973, pp. 439-449.

PESSIS-PASTERNAK, Guitta. *Do caos à inteligência artificial.* São Paulo: UNESP, 1993.

PERROUX, François. "Concepciones implicitamente normativas y limites de la construcción de modelos en economía". *Metodología y crítica económica,* Camilo Dagum (ed.). México: Fondo de Cultura Económica, 1978.

POPPER, K. R. *Em busca de um mundo melhor.* Lisboa: Fragmentos, 1988.

___________. *Sociedade aberta, universo aberto.* Lisboa: Dom Quixote, 1987a.

___________. *O realismo e o objetivo da ciência.* Lisboa: Dom Quixote, 1987b.

___________.. *Realism and the aim of science.* Nova Jersey: Rowman and Littlefield, 1983.

___________. *Conhecimento objetivo: uma abordagem evolucionária.* Belo Horizonte: Itatiaia/São Paulo: Edusp, 1975.

___________. *Objective knowledge – An evolutionary approach.* Oxford: Clarendon Press, 1972.

___________. "La rationalité et le statut du principle de rationalité". *Les fondements philosophiques des systemes economiques*, E. M. Classen (ed.). Paris: Payot, 1967a, pp. 142-150.

___________. "The rationality principle". *Popper selections*, Daniel Miller (ed.). Princeton University Press, 1967b.

___________. *The open society and its enemies.* Nova Jersey: Princeton University Press, 1950.

PRIGOGINE, Ilya e STENGERS, Isabelle. *Order out of chaos: man's new dialogue with nature.* Nova York: Bantam Books, 1984.

REEDMAN, Deborah A. "Karl Popper's theory of science and econometrics: the rise and decline of social engineering". *Journal of Economic Issues,* vol. XXVIII, nº 1, março 1994, pp. 67-99.

REYNOLDS, Lloyd G. "Algunas cuestiones no resueltas en economía". *Metodología y crítica económica,* Camilo Dagum (ed.), México: Fondo de Cultura Económica, 1978, pp. 408-429.

ROSSER JR., J. Barkley. *From catastrophe to chaos: a general theory of economic discontinuities.* Boston: Kluwer Academic Publishers, 1991.

RUELLE, David. *Acaso e caos.* São Paulo: Unesp, 1993.

SAVAGE, L. J. "Probability in science: a personalistic approach". *Logic, Methodology and philosophy of science*, editado por Patrick Suppes *et al.* Amsterdam: North-Holland, 1973, pp. 417-428.

SHACKLE, G. L. S. *Epistémica y economía: crítica de las doctrinas económicas.* México: Fondo de Cultura, 1976.

SILVEIRA, A. M., MOREIRA, I. C., MARTINS, R. C. e FUKS, S., (orgs.) *Caos, acaso e determinismo.* Rio de Janeiro: Ed. UFRJ, 1995.

STOCKMAN, Alan C. *Introduction to macroeconomics*. Orlando: The Dryden Press, 1996.

SUPPES, P. "New foundations of objective probability: axioms for propensities". *Logic, methodology and philosophy of science*, editado por Patrick Suppes *et al.* Amsterdam: North-Holland, 1973, pp. 515-529.

VARIAN, Hal R. *Intermediate microeconomics: a modern approach*. Nova York: W. W. Norton & Company, 1993.

WANG, C. *Sense and nonsense of statistical inference: controversy, misuse, and subtlety*. Nova York: Marcel Dekker, 1993.

WOO, Henry K. H. *What's wrong with formalization in economics? An epistemological critique.* Nova Jersey: Victoria Press, 1986.

WRIGHT, G. H. "On the logic and epitemology of the causal relation". *Logic, methodology and philosophy of science*, editado por Patrick Suppes *et al.* Amsterdam: North-Holland, 1973, pp. 293-312.

Impressão e acabamento:

Athalaia
GRÁFICA E EDITORA LTDA

SIG/Sul - Quadra 08 - Lote 2.336
Fone: (061) 344-1002
Fax: (061) 344-2827 - Brasília-DF
athalaia@uol.com.br